完善基本公共服务制度体系

黄燕芬　杨宜勇　著

中国言实出版社

图书在版编目(CIP)数据

完善基本公共服务制度体系 / 黄燕芬，杨宜勇著.
北京：中国言实出版社，2024.12. --（高质量发展文
库）. -- ISBN 978-7-5171-4989-7

Ⅰ. D669.3

中国国家版本馆CIP数据核字第2024AF5028号

完善基本公共服务制度体系

责任编辑：张国旗
责任校对：宫媛媛

出版发行：中国言实出版社

地　　址：北京市朝阳区北苑路180号加利大厦5号楼105室
邮　　编：100101
编辑部：北京市海淀区花园北路35号院9号楼302室
邮　　编：100083
电　　话：010-64924853（总编室）　010-64924716（发行部）
网　　址：www.zgyscbs.cn　　电子邮箱：zgyscbs@263.net

经　　销：新华书店
印　　刷：徐州绪权印刷有限公司
版　　次：2025年1月第1版　　2025年1月第1次印刷
规　　格：710毫米×1000毫米　　1/16　　13.5印张
字　　数：178千字

定　　价：78.00元
书　　号：ISBN 978-7-5171-4989-7

前　言

党的二十届三中全会是在以中国式现代化全面推进强国建设、民族复兴伟业的关键时期召开的一次十分重要的会议。全会审议通过的《中共中央关于进一步全面深化改革　推进中国式现代化的决定》明确提出"完善基本公共服务制度体系，加强普惠性、基础性、兜底性民生建设，解决好人民最关心最直接最现实的利益问题，不断满足人民对美好生活的向往"，并就完善收入分配制度、完善就业优先政策、健全社会保障体系、深化医药卫生体制改革、健全人口发展支持和服务体系等方面作出一系列重大部署。

随着经济发展和社会进步，完善基本公共服务体系已成为各级政府的重要任务。这不仅是提升国家综合实力和民生幸福感的关键，也是实现社会公平与正义的重要途径。当前，我国基本公共服务体系已初步建立，但在项目化运作过程中仍存在诸多问题，如资源分配不均、服务质量参差不齐、管理机制不完善等。因此，实现从项目到制度的升华，构建更加科学、规范、高效的基本公共服务体系，成为当前亟待解决的问题。

项目化视角往往带来不少局限性，这主要表现为：一是资源分配碎片化，项目化运作往往导致资源在不同项目间分散，难以形成规模效应和协同效应。二是服务质量不稳定，项目周期短，缺乏长期规划和持续投入，导致服务质量难以保证。三是管理机制不健全。项目化运作容易忽视制度建设，导致管理混乱、责任不清。

迈进新时代，开启新征程，加大基本公共服务的制度建设很有必要：一是有利于促进保障服务均等化，制度建设可以确保基本公共服务覆盖全体公民，实现服务均等化。二是有利于提高服务效率。通过制度建设，可以优化资源配置，提高服务效率和质量。三是有利于强化责任落实。制度建设有助于明确各级政府和部门的职责，强化责任落实和监管。

基本公共服务体系实现从项目到制度升华的具体路径是：一要完善政策法规体系。通过制定和完善基本公共服务领域的法律法规和政策文件，明确服务标准、责任主体和监管机制。通过加强政策之间的衔接和协调，确保各项政策能够形成合力。二要建立长效投入机制。通过加大财政对基本公共服务的投入力度，确保服务经费的稳定增长。通过拓宽资金来源渠道，鼓励社会资本参与基本公共服务供给。通过建立科学的预算管理和绩效评估制度，提高资金使用效率。三要优化资源配置。通过统筹规划基本公共服务设施建设，避免重复建设和资源浪费。通过加强区域间、城乡间的资源整合和共享，推动基本公共服务均衡发展。通过引入市场竞争机制，提高服务供给的效率和质量。四要强化监管和评估。通过建立完善的监管体系和评估机制，对基本公共服务供给情况进行定期检查和评估。通过公开透明服务信息，主动接受社会监督，提高服务公信力和满意度。对发现的问题及时整改，确保基本公共服务供给的规范性和有效性。五要提升服务能力。通过加强基层公共服务机构建设，提高服务人员的专业素质和业务水平。通过推广运用现代信息技术手段，提高服务效率和质量。通过加强与群众的沟通和互动，了解群众需求，提供更加贴心、便捷的服务。

完善基本公共服务体系，实现从项目到制度的升华，是提升国家综合实力和民生幸福感的重要举措。未来，应继续加强政策法规建设、建立长效投入机制、优化资源配置、强化监管和评估以及提升服务能力等方面的工作。同时，还应注重总结经验教训，借鉴国际先进经验，不断完善我国基本公共服务体系建设的理论和实践。

本书是研究阐释党的二十大精神国家社科基金重大项目"新型城镇化进程中增强公共服务均衡性和可及性关键问题研究"（23ZDA096）的阶段性成果，对于完善基本公共服务制度体系具有积极意义。

在新型城镇化进程中，增强基本公共服务的均衡性和可及性是保障民生、促进社会公平和可持续发展的关键环节。党的二十大报告提出了"在发展中保障和改善民生，鼓励共同奋斗创造美好生活"的目标。因此，研究新型城镇化进程中基本公共服务均衡性和可及性的关键问题，对于深入贯彻党的二十大精神和二十届三中全会精神具有十分重要的意义。

在研究过程中，我们通过对地区、城乡间基本公共服务供给状况的调查，分析当前基本公共服务在均衡性和可及性方面存在的问题和差距，开展现状分析。特别关注农民工、农村留守老人和儿童等弱势群体在享受基本公共服务方面的困难和挑战。

为主动适应新型城镇化对基本公共服务均衡性和可及性的新要求，本课题组深入分析新型城镇化进程中人口流动、产业集聚等变化对基本公共服务供给的新需求。积极探讨如何适应新型城镇化的发展趋势，构建更加公平、高效的基本公共服务制度体系。

我们认为，增强基本公共服务均衡性和可及性的关键问题研究应该是如何通过制度创新、政策优化和资源配置等手段，提高基本公共服务的均衡性和可及性。并且特别关注教育、医疗、社保、就业等关键领域的基本公共服务供给问题，提出有针对性的解决方案。

本课题组对国内外经验作了较为充分的比较研究。一方面，借鉴国内外在基本公共服务均衡性和可及性方面的成功经验，结合我国国情进行本土化创新；另一方面，通过比较研究，发现我国在基本公共服务供给中的短板和不足，为改进工作提供参考。

作为研究阐释党的二十大精神国家社科基金重大项目的阶段性成果，本书主要有以下特点：一是注重理论创新。在基本公共服务均衡性和可及性的理论框架、评估体系等方面进行了创新，为后续研究提供了理论支撑。二是注重政策建议。针对发现的问题和关键领域，提出了一系列具有可操作性的政策建议，为政府决策提供了参考。三是关注实践探索。结合具体案例进行了实践探索，验证了理论研究的可行性和有效性。

展望未来，该项目将继续深化研究，加强跨学科合作和国际交流，推动研究成果的转化和应用。同时，将密切关注新型城镇化进程中公共服务领域的新动态、新问题，为完善基本公共服务制度体系贡献智慧和力量。

黄燕芬　杨宜勇

2024 年 7 月 21 日

写于中国人民大学

目　录

第一章　基本公共服务与非基本公共服务

凡事既可一分为二，也可合二为一。基本公共服务与非基本公共服务统一于公共服务之中。2021年全国两会期间，习近平总书记在参加青海代表团审议时强调，办好就业、教育、社保、医疗、养老、托幼、住房等民生实事，提高公共服务可及性和均等化水平。

第一节　什么是公共服务

一、公共服务的分类

公共服务是指由政府部门、国有企事业单位和相关中介机构履行法定职责，根据公民、法人或者其他组织的要求，为其提供帮助或者办理有关事务的行为。它具有公共性、普惠性的特点，通常由税收或其他形式的公共资金资助，以保证公平、可及，面向整个社会公众，致力于满足社会的基本需求。公共服务至少涵盖了以下四个方面：

一是基础公共服务。这是指那些通过国家权力介入或公共资源投入，为公民及其组织提供从事社会发展活动所需要的基础性服务，如提供水、电、气，交通与通信基础设施，邮电与气象服务等。

二是经济公共服务。这主要是为公民和组织从事经济发展活动所提供的各种服务，如科技推广、咨询服务、信息服务、政策性信贷以及市场监管等。

三是公共安全服务。政府通过警察、消防、军队等提供的服务，如维护社会治安、防止犯罪、保持社会稳定等，都属于公共安全服务的范畴。

四是社会公共服务。这是指通过国家福利和社会救济等制度，以保障社会成员基本福利和社会权利为主要目的，面向全体社会成员的服务，如教育、医疗、卫生、社会保障、环境保护等。

二、公共服务的基本特性

一般说来，公共服务具有以下几个显著特性：

一是无形性。公共服务不像有形产品那样具有实物形态，它表现为一种活动或过程。

二是不可分割性。公共服务通常是与消费过程同时发生的，即生产和消费具有同一性。

三是不可储存性。公共服务一旦被生产出来，就必须被消费，否则就会失效。

四是差异性。公共服务的质量和水平可能因提供者、消费者、环境等因素的不同而存在差异。

五是公共性。公共服务是面向全体社会成员的，具有公共产品的性质，即非排他性和非竞争性。

综上所述，一方面，公共服务对于社会的发展和稳定具有重要意义，它是政府履行职责、满足人民需求、促进公平正义的重要手段。另一方面，它有利于缓解社会问题、健全供给体制机制、促进公众参与管理与监督、提高公共资源配置效率以及提升政府管理能力和国际竞争力等。特别是基本公共服务在人类发展中也起着重要作用，是提高人的可行能力、建设人力资源强国的重要条件。例如，公共就业服务对促进就业、保障民生等方面意义重大；教育承担着多种社会功能，是影响人类发展的重要因素；公共卫生与基本医疗服务对个人和社会都具有独特地位；基本社会保障是社会的"安全网"和"减震器"。

第二节　什么是公共服务理论

一、传统的公共服务理论

传统公共服务理论主要关注政府作为单一供给主体的角色，以及如何通过行政手段来提供公共服务。

——关于公共服务供给主体，传统公共服务理论强调政府作为唯一的供给主体，通过行政手段直接提供公共服务。

——关于公共服务供给方式，传统公共服务理论认为主要包括政府直接投资建设、运营和维护公共服务设施，以及通过行政命令和法规来规范公共服务的质量与标准。

传统公共服务理论在效率评估方面主要关注以下三个方面：

一是成本效益分析。评估公共服务的投入与产出比，确保公共资源的有效利用。

二是服务质量分析。通过公众满意度调查、服务质量监测等方式来评估公共服务的质量和效果。

三是公平性分析。主要考察公共服务是否平等地惠及所有社会成员，避免资源分配的不公。

传统公共服务理论在实践中存在的问题主要有：

一是政府公共服务负担过重。政府作为唯一供给主体，承担了大量公共服务的提供任务，导致财政压力巨大。

二是公共服务效率不高。由于行政手段的局限性和官僚体制的僵化，公共服务的提供往往效率低下，难以满足公众的需求。

三是公共服务竞争性不足。缺乏市场竞争机制，导致公共服务的质量和效率难以提升。

针对上述问题，传统公共服务理论提出了以下解决方案：

一要引入市场机制。通过政府购买服务、政府和社会资本合作（PPP）等方式，引入市场竞争机制，提高公共服务的效率和质量。

二要促进供给主体多元化。鼓励社会力量参与公共服务的供给，形成政府、市场、社会多元供给的格局。

三要加强监管和评估。建立健全的监管和评估机制，对公共服务的提供过程进行全程监督和评估，确保公共资源的有效利用和公共服务的公平性。

总而言之，传统公共服务理论在公共服务供给方面发挥了重要作用，但也存在一些不足之处。随着社会的不断发展和进步，需要不断探索和创新公共服务供给模式，以满足公众日益多样化的需求。同时，加强监管和评估机制的建设也是提高公共服务质量与效率的关键所在。

众所周知，传统公共服务理论领域具有重要地位的人物及其主要贡献有：

约翰·斯图亚特·密尔（John Stuart Mill）：作为古典自由主义的代表人物之一，密尔强调政府应提供必要的公共服务以维护社会公正和公共利益。他的思想对公共服务理论的形成产生了重要影响。

莱昂·狄骥（Leon Duguit）：他是法国公法学家，提出了"公共服务理论"（又称"社会连带主义法学"），认为公共服务是现代国家的基础，政府有责任提供公共服务以满足社会成员的需求。这一理论对后来的公共服务理论发展产生了深远影响。

托马斯·伍德罗·威尔逊（Thomas Woodrow Wilson）：曾任美国第28任总统，威尔逊在行政学领域有重要贡献。他提出了政治与行政二分法，强调行政学应该成为一门独立的学科，并关注政府如何有效地提供公共服务。这一观点对公共服务理论的发展产生了积极影响。

弗兰克·约翰逊·古德诺（Frank Johnson Goodnow）：他是政治与行政二分法的另一位重要推动者。进一步阐述了政治与行政的区别与联系，并强调政府应该通过高效的行政体系来提供公共服务。

二、新公共服务理论

追根寻源，新公共服务理论（New Public Service，NPS）是在对新公共管理理论（New Public Management，NPM）进行反思和批判的基础上发展起来的。新公共管理理论强调市场化和企业管理方法的应用，但在实践中也暴露出了一些问题，比如公共价值观的削弱、公民参与度的不足等。而新公共服务理论强调公共行政的民主性、公民参与以及公共服务的公共性，而非仅仅关注管理效率和经济利益。

新公共服务理论的理论基础包括民主公民权理论、新公共行政理论、人本主义理论、社区和公民社会理论等。这些理论共同构成了新公共服务理论的核心思想体系，强调公民在公共行政中的中心地位以及公共服务的公共性。

新公共服务理论的主要观点有：

一是强调重在服务，而非掌舵。新公共服务理论强调公务员的首要任务并非掌控社会新的发展方向或操控社会新的发展趋势，而是帮助公民表达和实现他们的共同利益。这意味着公共服务的角色是参与者、促进者，而非决策者或掌舵者。

二是强调战略思考、民主行动。该理论鼓励公务员进行战略性思考，并通过广泛的公众参与和民主对话来制定与执行公共政策。这种参与式的决策过程可以增强公民对政策的认同感和责任感，同时提高政策的实施效果。

三是强调服务于公民，而不是顾客。新公共服务理论将公民视为公共服务的核心，强调公民不仅仅是服务的接受者，更是公共服务过程的参与者。因此，公务员需要关注公民的需求和利益，而不仅仅是满足他们的短期需求。

四是强调责任而不仅仅是追求效率。该理论认为公务员应该关注更广泛的社会、政治和伦理责任，而不仅仅是关注市场的效率。这意味着公务员需要在决策和执行过程中考虑到公平、公正和公共利益等因素。

五是强调重视人而不只是注重产出。新公共服务理论强调公务员不仅仅是完成任务的工具，他们也有自己的价值和尊严。因此，组织应该尊重和支持公务员，为他们提供必要的培训和发展机会，以激发他们的工作热情和创造力。

六是强调公民权和公共服务胜于企业家精神。该理论认为公民权和公共服务的重要性超过了企业家精神。这意味着公务员应该致力于建立和维护公民的权益与公共服务的质量，而不是仅仅追求经济效益和效率。

目前，新公共服务理论在实践的应用主要有：

一是推动政府改革。新公共服务理论被广泛应用于政府改革中，推动政府从管理者向服务者的角色转变。政府通过优化行政流程、提高政策透明度和公众参与度等措施，提升公共服务的效率和质量。

二是改善公共服务提供。在公共服务提供方面，新公共服务理论强调公民参与和民主决策。政府通过建立公民参与平台、开展政策咨询活动等方式，鼓励公民积极参与公共服务的供给过程，共同决定公共服务的内容和方式。

三是强调社区治理。在社区治理领域，新公共服务理论倡导建立公民—社区—政府三者互动沟通、协商发展的有效公共管理模式。通过加强社区建设、提升公民自治能力等措施，实现社区治理的民主化、科学化和高效化。

新公共服务理论的主要代表人物是罗伯特·B.登哈特（Robert B. Denhardt）和珍妮特·V.登哈特（Janet V. Denhardt）夫妇。

罗伯特·B.登哈特博士现任美国亚利桑那州立大学公共事务学院教授，并担任美国多个州政府和地方政府在质量管理、战略规划和公共生产力等方面的咨询顾问。他曾任美国公共行政学会的主席、亚利桑那州立大学公共事务学院院长、特拉华大学城市事务与公共政策学院公共行政学教授、佛罗里达大学奥兰多分校公共行政系主任、密苏里－哥伦比亚大学副校长等职务。他还是美国公共行政学会全国公共服务运动组织的创始人和第一任主席，并出版了多部与新公共服务理论相关的著作。

珍妮特·V.登哈特则获得了华盛顿大学学士学位和南加利福尼亚大学的硕士及博士学位，她的教学和研究兴趣主要集中在组织理论、组织行为和领导领域。她与罗伯特·B.登哈特共同撰写了多部著作，包括《新公共服务：服务而不是掌舵》等。

这两位学者共同提出了新公共服务理论，该理论在批判和反思传统公共行政理论和新公共管理理论的基础上，构建了以公民为中心的理论框架，强调政府的服务职能和公务员的公民责任，对公共行政学领域产生了深远的影响。

总而言之，新公共服务理论作为公共行政领域的重要理论框架，对全球公共行政改革产生了深远影响。该理论强调公共行政的民主性、公民参与以及公共服务的公共性，为公共服务的供给和治理提供了新的思路与方向。未来，随着社会的不断发展和进步，新公共服务理论将继续发挥其重要作用并推动公共行政事业的不断发展。

综上所述，公共服务理论是一个复杂而重要的领域，它涉及政府、市场、社会等多个方面，旨在探讨如何为公众提供高效、公平、可持续的公共服务。随着社会的不断发展和进步，公共服务理论也将不断完善和发展。公共服务理论在实践中具有广泛的应用价值。政府可以通过制定相关政策和规划，加强公共服务的供给和管理，提高公共服务的质量和效率。同时，政府还可以鼓励和支持社会力量参与公共服务的供给，形成多元供给格局，满足公众多样化的需求。

第三节　什么是基本公共服务

基本公共服务是指建立在一定社会共识基础上，根据一国经济社会发展阶段和总体水平，为维持本国经济社会的稳定、基本的社会正义和凝聚力，保护个人最基本的生存权和发展权，为实现人的全面发展所需要的基本社会条件。2014 年 12 月 13 日，在江苏省镇江市丹徒区世业镇卫生院，习近平总书记强调指出，要推动医疗卫生工作重心下移、医疗卫生资源下沉，推动城乡基本公共服务均等化，为群众提供安全有效方便价廉的公共卫生和基本医疗服务，真正解决好基层群众看病难、看病贵问题。

目前，基本公共服务主要包括三个基本点：

一是保障人类的基本生存权。政府及社会为每个人都提供基本就业保障、基本养老保障、基本生活保障等。

二是满足基本尊严和基本能力的需要。政府及社会为每个人都提供基本的教育和文化服务。

三是满足基本健康的需要。政府及社会为每个人都提供基本的健康保障。

在现阶段，我国基本公共服务是由政府主导、保障全体公民生存和发展基本需要、与经济社会发展水平相适应的公共服务，是公共服务中最基础、最核心的部分。这些服务包括义务教育、公共卫生和基本医疗、基本社会保障、公共就业服务、住房保障、文化体育等领域的公共服务，它们具有基础性、普惠性、动态性和发展性等特点。

基本公共服务的目标是实现基本民生保障，让全体人民共享改革发展成果。其核心是促进机会均等，重点是保障人民群众得到基本公共服务的机会。例如，在教育方面要保障学有所教，包括提供义务教育等；在医疗卫生方面要保障病有所医，像慢性病患者健康管理服务等；在劳动就业方面要保障劳有所得，加强劳动者权益保障等；在养老方面要保障老有所养，为老年人提供福利补贴等；在住房方面要保障住有所居，包括公租房保障、城镇棚户区住房改造和农村危房改造等。

目前在我国，基本公共服务主要由政府主导提供，同时鼓励和支持社会力量参与。政府通过制定相关政策和规划，加大财政投入，优化资源配置，提高服务质量，努力满足人民群众对基本公共服务的需求。同时，政府还积极推动基本公共服务均等化，促进社会公平正义。

我国政府提出了基本公共服务均等化的目标，即全体公民都能公平可及地获得大致均等的基本公共服务。这意味着无论地区、城乡、群体之间的差异如何，每个人都应能够享受到一定标准的基本公共服务。

2023年7月，国家发展改革委等部门印发了《国家基本公共服务标准（2023年版）》，进一步明确了具体的服务项目、服务对象、服务内容、服务标准、支出责任和牵头负责单位等，旨在指导各地对照标准，结合本地实际，调整实施标准，确保服务项目落地落实，人民群众可获得、有感受。

但是，随着经济社会的发展、国家财政承受能力的变化以及人民生活需求的改变，基本公共服务的范围以及基本公共服务和非基本公共服务的界限可能会进行调整。初步考虑原则上每五年结合基本公共服务相关规划编制，在全面评价评估的基础上，对标准进行集中调整。同时，也会结合重大政策出台和规划中期评估等，适时就个别领域基本公共服务项目和标准进行动态有序调整。

展望未来，随着经济社会的发展和人民生活水平的提高，基本公共服务的范畴将不断扩展，标准也将有所提高。特别是信息化、智能化等新技术将在基本公共服务领域得到广泛应用，提高服务效率和质量。下一步全面深化改革，政府将更加注重基本公共服务的公平性和可及性，努力缩小城乡、区域间差距。

第四节　什么是非基本公共服务

非基本公共服务是指为满足公民更高层次需求、保障社会整体福利水平所必需但市场自发供给不足的公共服务。政府通过给予一定的支持政策增加普惠性服务供给，以实现大多数公民以可承受价格付费享有。这类服务相对于基本公共服务来说，其层次和水平更高，旨在进一步提升公民的生活质量和幸福感。

目前，非基本公共服务的具体内容至少包括以下四个方面：

一是教育领域的非基本服务。如优质教育资源的提供，包括高水平的学校教育、特色教育项目、国际化教育等，这些服务虽然不是每个人生存和发展的基本需求，但对于提升公民素质和促进社会进步具有重要意义。

二是医疗健康领域的非基本服务。如高端医疗服务、健康管理、康复保健等，这些服务旨在满足公民对更高质量医疗健康的追求，提高健康水平和生活质量。

三是社会保障领域的非基本服务。如商业保险、补充养老保险、长期护理保险等，这些服务为公民提供了更全面的风险保障，有助于减轻因疾病、意外等事件造成的经济负担。

四是文化体育领域的非基本服务。如高端文化体验、体育赛事观赏、健身休闲等，这些服务丰富了公民的精神文化生活，提高了生活品质。

非基本公共服务的提供方式通常包括政府支持、市场供给和公益性社会机构参与等多种形式。政府通过制定相关政策、提供资金支持和引导社会力量参与等方式，推动非基本公共服务的普惠化发展，使更多公民能够以可承受的价格享受到这些服务。

具体来说，一般非基本公共服务包括准基本公共服务和经营性公共服务。其中，准基本公共服务是指为保障社会整体福利水平所必需的，同时又可以引入市场机制提供或运营的，但由于政府定价等原因而没有营利空间或营利空间较小，尚需政府采取多种措施给予支持的公共服务。例如，在教育领域，涵盖学前教育、高中教育、非义务教育阶段的特殊教育、中等职业教育、高等职业教育、普通高等教育、青少年校外活动等需要政府支持的教育服务；医疗卫生领域包括社会保障体系之内的基本医疗服务等；文化领域涉及满足人民群众文化需求的、需要政府扶持的文化服务；体育领域包含满足人民群众体育健身需求的、需要政府扶持的体育服务；社会福利领域有为老年人、残疾人等特定群体提供的，且政府定价不足以补偿成本的多样化专业服务；公共安全领域包括提供居民人身安全、财产安全的服务和涉及合法、安全、公平等法律专业服务。

而经营性公共服务则是指完全可以通过市场配置资源、满足居民多样化需求的公共服务。政府不再直接提供这类服务，而是通过开放市场并加强监管，鼓励和引导社会力量举办和经营。例如，在教育领域提供满足特殊需求的学前教育、教育培训、继续教育等市场化的教育服务；医疗卫生领域提供满足特殊需求的医疗服务和卫生保健服务等；文化领域提供包括影视节目制作、发行和销售，出版物发行和印刷，放映、演出、中介经纪等的文化产业服务；体育领域提供体育休闲娱乐、体育竞赛表演、体育用品消费、体育中介等体育产业服务；社会福利领域提供满足老年人、残疾人等群体特殊需求的养护、康复、托管等市场化服务；公共安全领域提供满足特殊需求的公司安保、社区安保等产业服务。

需要指出的是，非基本公共服务的范畴和标准会随着经济社会的发展和人民生活水平的提高而不断变化与调整。因此，政府和社会各界需要密切关注社会需求与人民期望的变化，及时调整和完善非基本公共服务政策，确保公民能够享受到更加全面、优质、高效的公共服务。

综上所述，随着我国经济社会发展水平的不断提升，基本公共服务、非基本公共服务与生活服务之间的边界也将随之发生变化，公共服务体系的范围、水平和质量都将稳步有序提升，以不断满足人民日益增长的美好生活需要。

第五节　深入推进基本公共服务领域的综合改革

为了深入推进基本公共服务领域的综合改革，可以从以下几个方面努力：

一要加强顶层设计与规划。以习近平新时代中国特色社会主义思想为指导，深入贯彻党的二十大和党的二十届三中全会精神，立足新发展阶段，完整、准确、全面贯彻新发展理念，构建新发展格局，以推动高质量发展为主题，明确基本公共服务领域综合改革的总体目标和阶段性任务。结合国家和地方实际情况，制定详细的基本公共服务领域综合改革规划，明确改革的具体路径、时间表和路线图，确保改革有序推进。

二要完善政策法规体系。及时修订和完善与基本公共服务相关的法律法规，确保改革有法可依、有章可循。同时，加强地方性法规和政策的研究制定，形成上下联动、相互补充的政策法规体系。并且加强基本公共服务领域各项政策之间的协同配合，确保政策目标一致、措施衔接、效果叠加。

三要优化服务供给体系。通过政府购买服务、政府和社会资本合作（PPP）模式等多种方式，吸引社会资本参与基本公共服务供给，扩大服务供给规模。加强基本公共服务标准化、规范化建设，建立健全服务质量监管体系，确保服务质量不断提升。通过加大对薄弱地区和困难群体的支持力度，推动基本公共服务向农村、边远地区和贫困地区延伸，促进服务均等化。

四要强化资金保障与监管。优化财政支出结构，加大对基本公共服务领域的财政投入力度，确保改革资金需求得到满足。通过建立健全基本公共服务资金监管机制，加强对资金使用情况的监督检查和绩效评估，确保资金安全有效使用。

五要推动技术创新与应用。积极鼓励和支持科技创新在基本公共服务领域的应用，推动服务模式创新、管理创新和技术创新。通过加强基本公共服务信息化建设，推广数字化服务模式，提高服务效率和便捷性。

六要加强过程监督与结果评估。通过建立健全基本公共服务领域综合改革的监督机制，加强对改革进展情况的监督检查和评估。引入第三方评估机构对改革成效进行评估，确保评估结果客观公正。

七要强化社会参与与共建共享。通过媒体宣传、政策解读等方式，加强对基本公共服务领域综合改革的宣传引导，提高社会认知度和参与度。鼓励和支持社会组织、企业和个人参与基本公共服务供给和监管，形成共建共享的良好氛围。

综上所述，继续深入推进基本公共服务领域的综合改革需要从顶层设计与规划、政策法规体系、服务供给体系、资金保障与监管、技术创新与应用、过程监督与结果评估以及社会参与与共建共享等多个方面入手，确保改革取得实效。

本章参考文献：

［1］娄兆锋，曹冬英. 公共服务导向中基本公共服务与非基本公共服务之研究 [J]. 中国行政管理，2015（3）.

［2］项继权. 基本公共服务均等化：政策目标与制度保障 [J]. 华中师范大学学报（人文社会科学版），2008（1）.

［3］吕炜，王伟同. 我国基本公共服务提供均等化问题研究——基于公共需求与政府能力视角的分析 [J]. 财政研究，2008（5）.

［4］王语哲. 公共服务 [M]. 北京：中国人事出版社，2007.

［5］丁元竹. 促进我国的基本公共服务均等化的战略思路和基本对策 [J]. 经济研究参考，2008（48）.

［6］国家发展改革委等部门. 国家基本公共服务标准（2023年版）[R/OL]. （2023-08-09）［2024-07-26］. https://www.ndrc.gov.cn/xxgk/zcfb/tz/202308/P020230810405073515374.pdf.

［7］国家发展改革委等部门."十四五"公共服务规划［R/OL］.（2022-01-09）［2024-07-26］. https://baike.so.com/doc/30094185-31715447. html.

［8］高传胜."十四五"时期推进非基本公共服务高质量发展研究 [J]. 经济研究参考，2021（1）.

［9］伊文君. 山西非基本公共服务开放发展路径研究 [J]. 经济师，2020（1）.

［10］鄢圣文. 非基本公共服务市场化供给研究 [M]. 北京：中国经济出版社，2015.

第二章 坚持"尽力而为、量力而行"的基本原则

习近平总书记 2013 年 4 月在海南考察工作时强调:"要抓实在,既尽力而为、又量力而行,做那些现实条件下可以做到的事情,让群众得到看得见、摸得着的实惠。"发展基本公共服务坚持"尽力而为、量力而行"的基本原则,是确保基本公共服务可持续、高质量发展的重要保障。这一原则体现了在推动基本公共服务发展过程中的务实态度和科学精神。

第一节 什么是"尽力而为"

"尽力而为"一词出自《孟子·梁惠王上》,原文为"尽心力而为之",意思就是用全部的力量去做事情。从民生保障角度来说,"尽力而为"强调了政府在提供基本公共服务时的积极态度和责任担当。它要求政府根据经济社会发展的实际情况和人民群众的迫切需求,充分发挥主观能动性,采取有效措施,加大投入力度,努力提升基本公共服务的覆盖面和质量水平。这既是对政府职责的履行,也是对人民群众期待的回应。

秉持"尽力而为"的原则以推动基本公共服务的发展,可以从以下几个方面进行具体操作:

一要明确责任与目标。政府作为基本公共服务的主要提供者,应明确

自身在保障和改善民生方面的责任，将基本公共服务纳入重要议事日程，确保各项政策、措施得到有效落实。根据经济社会发展的实际情况和人民群众的迫切需求，设定科学合理的基本公共服务发展目标。这些目标应具有可操作性和可衡量性，以便于后续的实施和评估。

二要加大投入力度。政府应加大对基本公共服务的财政投入力度，确保资金充足。可以通过调整财政支出结构、增加转移支付等方式，为基本公共服务提供稳定的资金来源。在增加财政投入的同时，还应积极拓宽融资渠道，鼓励社会资本参与基本公共服务的提供。可以通过政府购买服务、政府和社会资本合作（PPP）模式等方式，引入市场机制，提高基本公共服务的供给效率和质量。

三要优化资源配置。根据人口分布、经济发展水平和资源承载能力等因素，科学规划基本公共服务的布局。确保基本公共服务设施覆盖城乡、布局合理、功能完善。加强基本公共服务设施的建设和管理，提高资源使用效率。通过引入先进的管理理念和技术手段，降低运营成本，提高服务质量。

四要创新服务模式。努力缩小城乡、区域和不同社会群体之间的基本公共服务差距，推动基本公共服务均等化。通过政策扶持和制度保障，确保每个公民都能享受到均等的基本公共服务。鼓励和支持社会力量参与基本公共服务的提供。通过政府引导、市场运作和社会参与相结合的方式，形成多元化的基本公共服务供给体系。

五要加强监管与评估。加强对基本公共服务提供过程的监管，确保各项政策、措施得到有效执行。建立健全投诉举报和反馈机制，及时处理群众反映的问题。定期对基本公共服务的发展情况进行绩效评估，评估结果作为政府考核和奖惩的重要依据。通过绩效评估，及时发现问题、总结经验、推广好的做法和经验。

党的二十大报告指出："我们要实现好、维护好、发展好最广大人民根本利益，紧紧抓住人民最关心最直接最现实的利益问题，坚持尽力而为、量力而行，深入群众、深入基层，采取更多惠民生、暖民心举措，着力解决好人民群众急难愁盼问题，健全基本公共服务体系，提高公共服务水平，增强均衡性和可及性，扎实推进共同富裕。"总之，"尽力而为"要求政府在推动基本公共服务发展的过程中，要积极主动、勇于担当、全力以赴地做好各项工作。同时，还要注重科学规划、加大投入、优化资源配置、创新服务模式以及加强监管与评估等方面的工作，以确保基本公共服务能够持续、稳定、高质量地发展。

第二节　什么是"量力而行"

"量力而行"是一则来源于历史故事的成语，最早出自《左传·昭公十五年》："力能则进，否则退，量力而行。""量力而行"指按照自己能力大小去做事，也作"量力而为"。从民生保障角度来说，"量力而行"强调了政府在提供基本公共服务时的理性思考和科学规划。它要求政府在制定相关政策和规划时，必须充分考虑自身的财政承受能力和可持续发展能力，避免盲目扩张和过度承诺。同时，还要注重优化资源配置，提高资金使用效率，确保每一分钱都花在刀刃上，实现基本公共服务的可持续发展。

在基本公共服务的实施过程中，"量力而行"是一个至关重要的原则。以下是关于如何具体实施"量力而行"的几点建议：

一要科学评估财政承受能力。政府应定期进行财政承受能力分析，评估可用于基本公共服务的财政资源。这包括分析税收收入、转移支付、债务状况等因素，确保在提供公共服务时不会过度透支财政。基于财政承受能力分析，政府应制定合理的基本公共服务预算，明确各项服务的资金需求和优先级。预算应体现"尽力而为、量力而行"的原则，确保资金的有效利用。

二要积极优化资源配置。在有限的财政资源下，政府应优先保障教育、医疗、社会保障等重点领域的基本公共服务需求。这些领域直接关系到人民群众的切身利益和社会稳定。通过引入市场机制、推动技术创新和管理创新等方式，提高基本公共服务设施的使用效率和管理水平。例如，采用智能化、信息化手段提升服务质量和效率；通过政府购买服务、PPP 模式等方式引入社会资本参与公共服务提供。

三要切实加强监管与评估。加强对基本公共服务提供过程的监管，确保各项政策、措施得到有效执行。建立健全投诉举报和反馈机制，及时处理群众反映的问题。定期对基本公共服务的发展情况进行绩效评估，评估结果作为政府考核和奖惩的重要依据。通过绩效评估，及时发现问题、总结经验、推广好的做法和经验。同时，根据绩效评估结果调整服务内容和标准，确保服务的可持续性和有效性。

四要定期动态调整服务标准。政府应根据经济社会发展水平和人民群众的实际需求，动态调整基本公共服务的标准和内容。既要避免过度承诺导致财政压力增大，又要确保服务的有效性和针对性。在调整服务标准的过程中，应充分听取社会各界的意见和建议，特别是基层群众和弱势群体的声音。通过广泛的社会参与和协商，确保服务标准的调整更加符合人民群众的实际需求。

五要推动可持续发展。在提供基本公共服务时，应注重长期效益和社会效益。避免短期行为和急功近利的做法，确保服务的可持续性和稳定性。加强基本公共服务相关政策之间的协调配合，形成政策合力。通过跨部门、跨领域的合作与协调，确保各项政策在推动基本公共服务发展方面的协同性和一致性。

总之，"量力而行"要求政府在提供基本公共服务时充分考虑自身的财政承受能力和可持续发展能力。通过科学评估财政能力、优化资源配置、加强监管与评估、动态调整服务标准以及推动可持续发展等措施的实施，可以确保基本公共服务的有效性和可持续性。

第三节　"尽力而为、量力而行"是做好
民生工作的方法论

一、尽力而为与量力而行的辩证统一关系

一方面，尽力而为需要量力而行作为基础。没有对自我能力和条件的准确评估，盲目地追求高目标，可能会导致资源的浪费和失败的风险增加。量力而行也需要尽力而为的支撑。仅仅满足于现状，不积极进取，也会错失发展的机遇和前进的动力。另一方面，尽力而为能够激发人的潜能和创造力，推动个人和社会的发展。在合理的范围内，通过不懈的努力和奋斗，可以实现更高的目标和更好的成果。量力而行则能够确保行动的可行性和可持续性。避免因为盲目冒进而导致的失败和挫折，使行动更加稳健和有效。

总而言之，尽力而为与量力而行的关系不是一成不变的，而是需要根据具体情况进行动态调整。在不同的阶段和环境下，两者的侧重点可能会有所不同。在面对新的机遇时，需要更多地发挥尽力而为的精神，勇于尝试和创新；而在资源有限或条件受限的情况下，则需要更加注重量力而行的原则，确保行动的合理性和有效性。

尽力而为指的是在做事时，要尽自己最大的努力，不轻易放弃，不畏难退缩，充分发挥主观能动性，调动一切积极因素去实现目标。这种态度强调了对目标的执着追求和对困难的积极应对。所以尽力而为是态度、是责任，要求领导干部干事创业要勤勉尽责，充分发挥主观能动性，调动一

切积极因素，不懈奋斗；要想尽办法、竭尽全力，要善于想干事、敢干事、干成事。

量力而行则是指在行动前，要对自己的能力和条件有清醒的认识，不超出自己的能力范围去做事，按照客观规律和实际情况来制订合理的计划和目标。这种原则强调了实事求是、尊重规律的重要性。所以量力而行是方法、是智慧，要求领导干部开展工作要务实理性，从实际出发，有多大力就使多大劲，绝不空喊口号、不搞形式主义、不做表面文章；要准确把握工作的尺度、力度，行稳步健，讲方法、有韧性，着眼大局，创造性解决实际问题。

二、尽力而为与量力而行是做好民生工作的重要方法论

在民生工作中做好尽力而为，各级党委、政府和社会各界应当全力以赴，尽当地最大的努力，以满足人民群众的基本需求和改善其生活条件。坚持党领导一切，尽力而为这种态度体现了党对民生问题的高度重视和积极应对的精神。在制定和实施民生政策时要做到量力而行，要充分考虑当地的经济、社会和文化等条件，确保政策的可行性和可持续性。坚持以人民为中心，这要求在保障和改善民生的同时，也要尊重客观规律（自然规律、经济规律和社会规律），避免做出超出当地能力范围的承诺和行动。

因此，下一步政府在制定民生政策和规划时，既需要尽力而为地满足人民群众的需求和期望，又需要量力而行地考虑自身的财力和能力范围，从而确保民生政策的可行性和可持续性。在推进民生建设、社会事业和基本公共服务发展时，既需要注重投入和资源的保障，又需要注重效益和质量的提升，从而高水平地实现尽力而为与量力而行的有机结合。

既尽力而为又量力而行在民生工作中的具体应用有：

一是在制定民生政策时，政府应当既尽力而为地满足人民群众的需求和期望，又量力而行地考虑自身的财力和能力范围。通过广泛调研和征求

各方意见，确保政策既符合民意又切实可行。

二是在资源分配方面，政府应当坚持公平、公正和可持续的原则。根据各地区、各领域的实际情况和需求差异，合理分配资源，确保民生工作的全面推进和均衡发展。

三是在实施民生项目时，政府和社会各界应当注重项目的可行性和可持续性。通过科学规划、精心设计和严格管理，确保项目能够按时按质完成并产生良好的社会效益。

四是在民生工作的监督评估方面，政府应当建立健全的监督评估机制。通过定期检查和评估民生政策和项目的实施效果，及时发现问题并采取措施加以解决，确保民生工作的有效性和可持续性。

例如，在过去的扶贫工作中，政府通过精准扶贫和精准脱贫的策略，既尽力而为地帮助贫困群众摆脱贫困，又量力而行地考虑自身的财力和能力范围，确保扶贫工作的有效性和可持续性。同时，政府还注重提高扶贫工作的精准度和针对性，通过因地制宜、因人施策的方式，确保扶贫政策能够真正惠及贫困群众。这是非常好的历史经验，值得在乡村振兴中继续传承下去。

总而言之，尽力而为与量力而行是做好民生工作的方法论，它们在不同领域和方面都具有重要的应用价值。在应对社会问题和挑战时，既需要发挥政府的主导作用和社会各界的积极作用，又需要注重群众的参与和反馈，从而实现尽力而为与量力而行的有机结合和共同推进。在推动社会进步和发展时，既需要注重整体的利益和发展方向，又需要关注个体的权益和需求，进而实现尽力而为与量力而行的平衡发展。实践经验证明，在新时代新征程，既要充分发挥尽力而为的积极作用和优势，又要注重量力而行的重要性和必要性。只有这样，才能在追求目标的过程中保持稳健和可持续的发展态势。

第四节　如何贯彻好"尽力而为、量力而行"的基本原则

2015 年 5 月 27 日，习近平总书记在浙江调研时指出："一个好的社会，既要充满活力，又要和谐有序。社会建设要以共建共享为基本原则，在体制机制、制度政策上系统谋划，从保障和改善民生做起，坚持群众想什么、我们就干什么，既尽力而为又量力而行，多一些雪中送炭，使各项工作都做到愿望和效果相统一。"

"尽力而为、量力而行"是做好民生工作的基本原则，也是做好基本公共服务的基本原则。所谓尽力而为是极限，主要指的是做好基本公共服务工作的极限。所谓量力而行是底线，主要指的是基本公共服务财政支出不能寅吃卯粮。

坚持"尽力而为、量力而行"的基本原则，有助于避免在基本公共服务领域出现"大跃进"式的冒进现象和"一刀切"式的简单做法。它要求政府既要积极作为，又要量力而行；既要关注人民群众的迫切需求，又要考虑自身的实际情况和可持续发展能力。只有这样，才能确保新时代新征程基本公共服务的发展既符合人民群众的期望，又符合经济社会发展的客观规律。

此外，坚持好这一基本原则还有助于推动基本公共服务的均衡发展和质量提升。在当地资源有限的情况下，政府需要更加注重优化资源配置和提高资金使用效率，确保基本公共服务能够惠及更广泛的人群，并持续不断提高服务质量和水平。与此同时，还需要加强监管和评估工作，确保基本公共服务的提供符合规范、公正、透明的原则，维护人民群众的合法权益。

　　基本公共服务全面贯彻"尽力而为、量力而行"的基本原则，是确保服务可持续性、提升服务质量和效率的关键。

　　一要明确原则内涵。尽力而为指的是充分发挥主观能动性，根据现有条件尽最大努力提供基本公共服务，满足人民群众的基本需求。这要求政府和相关部门以积极、进取的态度，调动一切可用资源，努力提升服务水平。量力而行指的是尊重客观规律，不脱离实际，不超越财政承受能力，确保基本公共服务的提供与经济社会发展水平相适应。这要求各地政府在制定服务政策和标准时，充分考虑财政约束和可持续发展要求。

　　二要科学规划布局。基于人民群众的实际需求，科学规划基本公共服务的布局和内容。通过调研、咨询等方式，广泛收集民意，确保服务项目的针对性和有效性。在规划过程中，一定要统筹考虑城乡、区域和不同社会群体的需求差异，努力缩小基本公共服务的差距，推动服务均等化。

　　三要增加投入力度。政府应加大对基本公共服务的财政投入力度，确保资金充足。通过调整财政支出结构、增加转移支付等方式，为基本公共服务提供稳定的资金来源。在增加财政投入的同时，应积极拓宽融资渠道，鼓励社会资本参与基本公共服务的提供。通过政府购买服务、PPP 模式等方式，引入市场机制，提高服务供给效率和质量。

　　四要优化资源配置。通过引入智能化、信息化等现代技术手段，提高基本公共服务设施的使用效率和管理水平。同时，加强资源的整合和共享，避免重复建设和资源浪费。在有限的财政资源下，应优先保障教育、医疗、社会保障等重点领域的基本公共服务需求。这些领域直接关系到人民群众的切身利益和社会稳定。

　　五要有效加强监管与评估。加强对基本公共服务提供过程的监管，确保各项政策、措施得到有效执行。建立健全投诉举报和反馈机制，及时处理群众反映的问题。定期对基本公共服务的发展情况进行绩效评估，评估结果作为政府考核和奖惩的重要依据。通过绩效评估，及时发现问题、总结经验、推广好的做法和经验。

六要动态调整服务标准。政府应根据经济社会发展水平和人民群众的实际需求，动态调整基本公共服务的标准和内容。既要避免过度承诺导致财政压力增大，又要确保服务的有效性和针对性。

七要积极推动社会参与。在调整服务标准的过程中，应充分听取社会各界的意见和建议，特别是基层群众和弱势群体的声音。通过广泛的社会参与和协商，确保服务标准的调整更加符合人民群众的实际需求。

八要努力强化责任担当。进一步明确政府在基本公共服务提供中的主体责任，建立健全责任追究机制。对于在基本公共服务提供过程中出现的失职、渎职等行为，要依法依规严肃处理。

九要全面加强宣传引导。通过加大对"尽力而为、量力而行"原则的宣传力度，提高社会各界对基本公共服务重要性的认识。通过宣传引导，努力营造全社会共同参与基本公共服务建设的良好氛围。

总之，在基本公共服务领域全面贯彻"尽力而为、量力而行"的基本原则，需要政府、社会、市场等多方面的共同努力。通过科学规划、加大投入、优化资源配置、加强监管与评估、动态调整服务标准以及强化责任担当等措施的实施，可以确保基本公共服务的有效性和可持续性，不断提升人民群众的获得感、幸福感和安全感。

本章参考文献：

［1］习近平. 扎实推动共同富裕 [J]. 求是，2021（20）.

［2］于洪军. 坚持尽力而为、量力而行：做好民生工作的重要方法. ［R/OL］.（2023-12-19）［2024-07-27］. http://www.jszzb.gov.cn/col22/85812.html.

［3］人力资源和社会保障部党组理论学习中心组. 在发展中保障和改善民生——认真学习《习近平著作选读》第一卷、第二卷 [N]. 经济日报，2023-06-06（1）.

［4］蒋超良. 健康扶贫坚持尽力而为、量力而行 [N]. 学习时报，2019-08-23（1）.

［5］李洪兴. "量力而行"与"尽力而为" [N]. 人民日报，2017-12-05（4）.

［6］王思斌. 科学理解改善民生的尽力而为和量力而行 [J]. 中国社会工作，2018（22）.

［7］司琳. 浅谈新时代民生建设中的"尽力而为"与"量力而行" [J]. 新丝路（下旬），2018（5）.

第三章　完善基本公共服务制度体系的基本框架

党的二十届三中全会提出，在发展中保障和改善民生是中国式现代化的重大任务。必须坚持尽力而为、量力而行，完善基本公共服务制度体系，加强普惠性、基础性、兜底性民生建设，解决好人民最关心最直接最现实的利益问题，不断满足人民对美好生活的向往。要完善收入分配制度，完善就业优先政策，健全社会保障体系，深化医药卫生体制改革，健全人口发展支持和服务体系。

第一节　改革就是要让人民的生活更加美好

2024 年 5 月，习近平总书记在山东省济南市主持召开企业和专家座谈会时强调指出："人民对美好生活的向往就是我们的奋斗目标，抓改革、促发展，归根到底就是为了让人民过上更好的日子。"习近平总书记的重要讲话深刻阐明了改革的价值取向，为新征程上进一步全面深化改革提供了价值指引。改革作为推动我国社会进步和发展的重要动力，其核心目标必须始终围绕着如何让人民的生活更加美好。

从经济、政治、文化、社会、生态文明等各个方面，改革的初衷和归宿都是为了让人民群众享受到更加幸福、更加有尊严的生活。经济改革是改革的重点领域之一，其直接目标就是提高人民的生活水平。通过深化供给侧结构性改革、优化产业结构、促进就业创业等措施，经济改革为人民群众提供了更多的就业机会和更高的收入水平。同时，完善社会保障体系、加强公共服务设施建设等举措，也为人民群众提供了更加坚实的民生保障。政治改革旨在更好地保障人民的权益。通过加强民主法治建设、推进依法行政、保障公民权利等措施，政治改革让人民群众更加充分地参与到国家和社会事务的管理中来，真正实现了人民当家作主。同时，加强反腐败斗争、维护社会公平正义等举措，也为人民群众营造了一个更加清正廉洁、公正公平的社会环境。文化改革是丰富人民精神生活的重要手段。通过加强公共文化服务体系建设、推动文化创新创造、促进文化交流互鉴等措施，文化改革为人民群众提供了更加丰富多彩的文化产品和服务。同时，加强文化遗产保护、传承和弘扬中华优秀传统文化等举措，也让人民群众更加深刻地感受到了中华文化的魅力和价值。社会改革是构建和谐社会的重要保障。通过加强社会治理体系建设、推进教育医疗等领域改革、保障妇女儿童等弱势群体权益等措施，社会改革为人民群众创造了一个更加和谐稳定、公平正义的社会环境。生态文明改革旨在加强生态环境保护、推动绿色低碳发展等举措，也为人民群众提供了更加宜居宜业的生态环境。

众所周知，基本公共服务制度体系的改革与完善，也与人民更加美好的生活息息相关。党的二十大报告强调了"增进民生福祉，提高人民生活品质"，并对"着力解决好人民群众急难愁盼问题，健全基本公共服务体系，提高公共服务水平，增强均衡性和可及性"等作出部署。下一步，一方面要加快补齐基本公共服务短板，着力增强非基本公共服务弱项，提升公共服务质量和水平，不断加强公共服务体系的均衡性和可及性。另一方面要继续坚持人民至上的原则，深化基本公共服务各领域的改革，不断满足人民群众日益增长的美好生活需要，增强人民群众获得感、幸福感、安全感。

第二节 完善基本公共服务制度体系是 共同富裕的重要内容

习近平总书记在党的二十大报告中强调："健全基本公共服务体系，提高公共服务水平，增强均衡性和可及性，扎实推进共同富裕。"实现共同富裕是促进基本公共服务均等化的价值目标，促进基本公共服务均等化是实现共同富裕的着力点。共同富裕作为社会主义的本质要求和我国政府的重要工作目标，其实现离不开基本公共服务的普及与均等化。基本公共服务既是保障全体公民生存和发展基本需求的公共服务，又是共同富裕的内在要求和重要支撑。

基本公共服务是指建立在一定社会共识基础上，由政府主导提供的，与经济社会发展水平和阶段相适应，旨在保障全体公民生存和发展基本需求的公共服务。其内涵包括教育、医疗、养老、住房、就业、社会保障等多个方面，是保障人民基本权利和政府职责的重要体现。

完善基本公共服务制度体系在共同富裕中的重要作用主要表现在以下几个方面：

一是有利于缩小收入差距。基本公共服务的普及与均等化有助于缩小不同社会群体之间的收入差距。通过提供均等的教育、医疗等公共服务，能够降低低收入群体在教育、医疗等方面的支出负担，提高其生活质量，从而缩小其与高收入群体之间的差距。

二是有利于促进社会公平。基本公共服务是社会公平的重要体现。通过为所有公民提供均等的基本公共服务，可以确保每个人都能够享受到社会发展的成果，避免因资源分配不均而导致的社会不公现象。

三是有利于提升人力资本。教育作为基本公共服务的重要组成部分，提供高质量的教育服务，可以提升全体公民的人力资本水平，增强其就业能力和市场竞争力，为经济发展提供有力的人才支撑。

四是有利于增强社会凝聚力。基本公共服务的普及与均等化有助于增强社会凝聚力。当每个人都能够享受到基本公共服务时，他们会更加认同社会价值观和社会制度，从而增强社会的稳定性和凝聚力。

下一步，完善基本公共服务制度体系推动共同富裕的着力点有：

一要注重加大财政投入。政府应加大对基本公共服务的财政投入力度，确保基本公共服务的供给充足和可持续。同时，应建立健全财政转移支付制度，加大对欠发达地区的财政支持力度，缩小地区间基本公共服务水平的差距。

二要注重完善顶层设计。应建立健全基本公共服务的制度体系，明确政府、市场和社会在基本公共服务供给中的责任和义务。通过完善法律法规和政策措施，确保基本公共服务的供给有法可依、有章可循。

三要注重提高服务质量和效率。应不断提升基本公共服务的质量和效率。通过加强人才培养和引进、优化服务流程、加强信息化建设等措施，提高基本公共服务的供给能力和服务水平。同时，应建立健全服务评价机制，对基本公共服务的供给效果进行定期评估和反馈。

四要注重加强社会参与。应鼓励和支持社会力量参与基本公共服务的供给。通过政府购买服务、引入市场竞争机制等方式，引导社会力量积极参与基本公共服务的供给，提高基本公共服务的供给效率和可持续性。

第三节　完善基本公共服务体系必须实现从项目到制度的升华

公共服务关乎民生，连接民心。完善基本公共服务体系对于保障人民基本权利、促进社会公平正义、推动经济社会发展具有重要意义。通过进一步全面深化改革，顺利实现从项目式的公共服务体系提供向制度性的公共服务体系升华，可以提高公共服务的质量、效率和可持续性。

一、基本公共服务体系的现状与问题

近年来，我国基本公共服务体系建设取得了显著进展。城乡区域基本公共服务均等化水平不断提高，制度体系更加健全，资源向基层、农村等倾斜，缩小了城乡和区域间的差距。基本公共服务供给保障能力全面提升，在教育、医疗、养老等领域的投入持续增加，服务设施和条件得到改善。

但是，当前还存在的一些主要问题有：

一是基本公共服务制度的碎片化。不同地区、部门之间的制度存在差异，缺乏统一协调。

二是基本公共服务标准的不明确。部分基本公共服务的标准不够清晰，导致服务质量参差不齐。

三是基本公共服务项目的可持续性不足。一些项目依赖特定资金或政策支持，缺乏长期稳定的保障机制。

四是基本公共服务供需匹配度有待进一步提高。项目设计未能充分满足人民群众日益多样化、个性化的需求。

对于上述问题，有关部门必须给予高度重视，通过全面深化制度改革来促进基本公共服务制度体系的建设和完善。

二、基本公共服务体系从项目到制度升华的必要性

一是有利于提升公平性和可及性。通过建立统一的制度，可以减少因地区、群体差异导致的公共服务差距，确保全体人民都能平等地享受到基本公共服务。

二是有利于增强服务的稳定性和持续性。制度具有相对稳定性和规范性，能够为公共服务的长期供给提供保障，避免因项目的临时性或变动性而影响服务的连续性。

三是有利于提高资源配置效率。明确的制度可以优化资源分配，避免重复投入和资源浪费，使有限的资源发挥更大的效益。

四是有利于主动适应社会发展变化。制度能够更好地应对人口结构变化、社会需求升级等新情况，及时调整和完善公共服务的内容与方式。

三、完善基本公共服务制度体系的路径与策略

一要着力推进基本公共服务标准体系建设。明确各项基本公共服务的具体标准，包括服务内容、质量要求、设施配备等，使服务提供有章可循。

二要着力完善制度设计与政策法规。制定和完善相关法律法规，为基本公共服务体系提供法律保障；加强政策的系统性和协调性，避免政策冲突和漏洞。

三要着力建立稳定的投入保障机制。确保财政资金对基本公共服务的稳定投入，合理划分中央与地方的财政事权和支出责任；同时，拓宽资金来源渠道，吸引社会资本参与。

四要着力加强监督与评估机制。建立健全监督体系，对基本公共服务的提供过程和效果进行严格监督；构建科学的评估指标体系，及时发现问题并进行改进。

五要着力促进公众参与和信息公开。提高公众对基本公共服务的参与度，充分听取民意；加强信息公开，增强服务透明度，接受社会监督。

六要着力推动数字化与智能化建设。利用现代信息技术，提高基本公共服务的便捷性和效率，实现服务方式的创新和升级。

七要着力加强人才队伍建设。培养和吸引专业人才，提高基本公共服

务提供者的素质和能力，确保服务质量。

总而言之，实现从项目到制度的升华是完善基本公共服务体系的必然要求。通过建立健全标准体系、完善制度设计、保障投入、加强监督评估等多方面的努力，可以构建更加公平、高效、可持续的基本公共服务制度，不断满足人民群众对美好生活的向往，促进社会的和谐与发展。在实施过程中，需要政府、社会和公众共同协作，形成合力，推动基本公共服务体系的不断完善和发展。

第四节　推行由常住地登记户口提供基本公共服务制度

党的二十届三中全会要求，推行由常住地登记户口提供基本公共服务制度。随着我国城镇化进程的加快，常住人口与户籍人口之间的基本公共服务差异日益凸显，成为制约高质量发展和社会和谐的重要因素。为破解这一难题，推行由常住地登记户口提供基本公共服务制度显得尤为必要：

一是有利于促进高质量发展。基本公共服务是人力资本积累与提升的关键要件，常住地提供基本公共服务有助于推动人力资本积累，为高质量发展提供支撑。

二是有利于畅通国内大循环。消除户籍与非户籍基本公共服务制度的差异，能够有效提升非户籍常住地居民的消费水平，扩大内需，畅通国内大循环。

三是有利于推动共同富裕。健全常住地提供基本公共服务制度，通过缩小收入差距，有效调节收入再分配，是实现共同富裕的重要途径。

未来推行由常住地登记户口提供基本公共服务制度必须加快进度：

一要加快推进城市户籍制度改革。调整积分落户标准，提高居住年限与社保缴纳年限的赋分权重，降低积分落户门槛。同时，完善城市居住证制度，提高居住证持有者的基本公共服务享有待遇和范围。

二要完善基本公共服务财政制度。加大基本公共服务财政投入力度，提升地方政府的基本公共服务财政支出能力。优化财政支出结构，扩大基本公共服务支出比例，推动财政转移支付与财政性建设资金同推动农业转移人口市民化、为城镇常住人口提供基本公共服务挂钩。

三要优化基本公共服务导向的政绩考核制度。建立健全基本公共服务供给法律制度，制定相应法律，明确常住地基本公共服务提供的主体、类型、标准、范围等内容。完善政绩考核制度，将基本公共服务供给纳入政府考核体系，引导政府积极履行基本公共服务职责。

四要加强跨部门协同。推动跨部门信息共享和业务协同，提高基本公共服务供给效率和质量，提升基层公共服务能力。

第五节　非基本公共服务也需要适时适度发展

2021年6月中共中央、国务院正式公布的《关于支持浙江高质量发展建设共同富裕示范区的意见》强调，共同富裕具有鲜明的时代特征和中国特色，是全体人民通过辛勤劳动和相互帮助，普遍达到生活富裕富足、精神自信自强、环境宜居宜业、社会和谐和睦、公共服务普及普惠，实现人的全面发展和社会全面进步，共享改革发展成果和幸福美好生活。可见，公共服务普及普惠也是共同富裕的一个重要方面。

非基本公共服务作为公共服务体系中的重要组成部分，旨在满足人民群众更高层次、更多样化的需求，对于提升社会整体福利水平、促进经济社会发展具有重要意义。然而，非基本公共服务的发展需要适时适度，既要考虑经济社会发展的实际情况，又要兼顾人民群众的实际需求，确保公共资源的有效配置和高效利用。

非基本公共服务是指除基本公共服务以外的所有公共服务，涵盖文化、体育、科技、环保、旅游等多个领域。这些服务虽然不是人民群众生存和发展的基本需求，但对于提高人民生活质量、促进社会全面进步具有重要作用。非基本公共服务可能是基本公共服务的后备军。因为基本公共服务和非基本公共服务的划分是相对的，随着国民经济的不断发展，一些非基本公共服务可以融入基本公共服务。

下一步，政府推进非基本公共服务适时适度发展的着力点有：

一是加强对非基本公共服务发展的政策引导和规划，明确发展目标和重点任务。通过制定相关规划和政策措施，引导社会资源向非基本公共服务领域倾斜，确保公共资源的有效配置和高效利用。

二是鼓励和支持社会力量参与非基本公共服务的供给，形成政府主导、社会参与的多元化供给格局。通过引入市场竞争机制，提高服务质量和效率，满足人民群众多样化的需求。

三是非基本公共服务的发展也要注重服务创新和品质提升。通过引入新技术、新模式和新业态，提高服务的智能化、个性化和便捷化水平。同时，加强服务质量管理，建立健全服务评价机制，确保服务质量和效果。

四是加强对非基本公共服务供给的监管和评估，确保服务供给的规范性和有效性。通过建立健全监管机制和评估体系，及时发现和解决服务供给中存在的问题和不足，提高服务供给的效率和质量。

总而言之，非基本公共服务的发展需要适时适度，既要考虑经济社会发展的实际情况，又要兼顾人民群众的实际需求。只有在完善基本公共服务制度体系的同时，推动非基本公共服务健康有序发展，才能为人民群众提供更加优质、高效、便捷的公共服务。

第六节 从"五个有所"到"七个有所"
再到九大方面

我国基本公共服务框架的发展，经历了从"五个有所"到"七个有所"，再到更加细化和全面的九大方面的过程。这一过程体现了国家对基本公共服务体系建设的不断深化和完善，旨在更好地满足人民群众的基本生活需求。

一、基本公共服务框架的演进

"五个有所"阶段：21世纪初，在早期的基本公共服务体系构建中，我国主要围绕"学有所教、劳有所得、病有所医、老有所养、住有所居"这5个方面展开，分别涵盖了教育、就业、医疗、养老、住房等民生基本需求。然而，这一阶段的划分相对较为笼统，没有进一步细化到具体的服务项目。

"七个有所"阶段：2017年10月18日，习近平总书记在党的十九大报告中提出："增进民生福祉是发展的根本目的。必须多谋民生之利、多解民生之忧，在发展中补齐民生短板、促进社会公平正义，在幼有所育、学有所教、劳有所得、病有所医、老有所养、住有所居、弱有所扶上不断取得新进展。"这"七个有所"的划分更加全面，覆盖了从婴幼儿照护到老年人扶助的全生命周期服务，体现了国家对不同年龄段、不同群体基本需求的关注。

九大方面发展研究：2018年7月6日，习近平总书记主持召开中央全面深化改革委员会第三次会议，审议通过了《关于建立健全基本公共服务标准体系的指导意见》。该意见将明确国家基本公共服务质量要求作为重点任务，提出幼有所育、学有所教、劳有所得、病有所医、老有所养、住有所居、弱有所扶以及优军服务保障、文体服务保障等 9 个方面的具体保障范围和质量要求。2021 年 3 月 30 日，经国务院批复同意，国家发展改革委联合 20 个部门印发了《国家基本公共服务标准（2021 年版）》（发改社会〔2021〕443 号），并发出通知，要求各地区结合实际认真贯彻落实。该标准涵盖了幼有所育、学有所教、劳有所得、病有所医、老有所养、住有所居、弱有所扶、优军服务保障、文体服务保障等 9 个方面、22 大类、80 个服务项目，每个项目均明确了服务对象、服务内容、服务标准、支出责任和牵头负责单位。

二、九大方面的具体内容

"幼有所育"：指为幼儿提供良好的保育和教育条件，包括优质的学前教育资源、安全健康的成长环境等，以促进幼儿的全面发展。

"学有所教"：强调保障每个人都有接受教育的机会，包括义务教育的普及、教育质量的提升、教育资源的公平分配，让不同年龄段、不同地区的人都能获得适合自己的教育。

"劳有所得"：意味着劳动者能够通过自己的劳动获得合理的报酬，劳动权益得到保障，包括工资待遇公平、工作环境安全、职业发展机会平等。

"病有所医"：要求建立健全的医疗卫生体系，让人们在生病时能够得到及时、有效的医疗救治，包括医疗服务的可及性、医疗费用的合理负担、医疗技术的不断进步。

"老有所养"：侧重于为老年人提供养老保障和服务，包括养老金的保障、养老机构的建设、老年医疗护理等，使老年人能够安享晚年。

"住有所居"：旨在保障每个人都有适宜的居住条件，包括住房的供应、住房价格的稳定、住房保障政策的完善，实现住者有其屋。

"弱有所扶"：关注弱势群体，如残疾人、贫困家庭、受灾群众等，为他们提供必要的帮扶和救助，保障他们的基本生活和发展权利。

"优军服务保障"：是对军人及其家属提供的一系列优待和保障措施，包括军人的待遇、就业安置、家属的福利等，以体现对军人的尊重和关怀。

"文体服务保障"：致力于提供丰富多样的文化和体育服务，如文化活动的开展、公共文化设施的建设、体育场地和设施的配备等，满足人们的精神文化和健身需求。

总而言之，我国基本公共服务框架从"五个有所"到"七个有所"，再到九大方面的发展，体现了对基本公共服务体系建设的不断深化和完善。这一过程不仅涵盖了教育、医疗、养老等民生基本需求，还增加了优军服务保障和文体服务保障等重要领域，旨在构建一个更加全面、更加完善的基本公共服务体系，以更好地满足人民群众的基本生活需求。

第七节　让中国特色的基本公共服务制度自成体系

中国式现代化是在改革开放中不断推进的，也必将在改革开放中开辟广阔前景。党的二十届三中全会提出，紧紧围绕推进中国式现代化进一步全面深化改革。为此，我们继续把改革推向前进，必须聚焦提高人民生活品质，必须服务中国式现代化建设这个总目标。中国式现代化决定了中国特色的基本公共服务制度体系的必然性。随着我国经济社会的快速发展和人民生活水平的显著提高，构建中国特色的基本公共服务制度体系已成为当前社会发展的重要任务。党的二十届三中全会明确提出了加强普惠性、基础性、兜底性民生建设的要求，这也是构建中国特色的基本公共服务制度体系的要求。

新时代中国特色的基本公共服务制度体系至少应具有三大特点：

一是聚焦普惠性。普惠性特别强调基本公共服务应覆盖全体社会成员，不因身份、地域、经济状况等因素而有所差别。这种特征体现了社会公平和正义，确保每个人都能享受到基本的生活保障和发展机会。

二是聚焦基础性。基础性是指基本公共服务应满足人民群众最基本、最迫切的需求，如教育、医疗、住房、就业等。这些基本公共服务是人民生存和发展的基础条件，对于促进社会和谐稳定具有重要意义。

三是聚焦兜底性。兜底性是指基本公共服务应为弱势群体提供必要的生活保障和救助措施，防止其陷入困境或生活无着落。这种特征体现了国家对弱势群体的关爱和保障责任。

进一步全面深化改革，要以促进社会公平正义、增进人民福祉为出发点和落脚点，更加注重系统集成，更加注重突出重点，更加注重改革实效，为中国式现代化提供强大动力和制度保障。下一步，构建中国特色的基本公共服务制度体系的着力点是：

一要明确制度目标，与社会主义核心价值观高度契合。构建中国特色的基本公共服务制度体系，旨在形成覆盖全体公民、满足基本需求、保障社会公平、促进可持续发展的公共服务体系。

二要完善制度体系，让人民群众更好地分享改革和发展的成果。完善基本公共服务清单制度，制定并发布基本公共服务清单，明确政府提供的基本公共服务项目、标准和责任主体，确保服务供给的规范性和透明度。完善财政投入保障制度，建立稳定的财政投入增长机制，确保基本公共服务经费的充足性和可持续性。同时，优化财政支出结构，提高资金使用效率。

三要细化多元供给机制，调动多方面的积极性。鼓励和支持社会力量参与基本公共服务的供给，形成政府主导、市场运作、社会参与的多元供给格局。通过引入竞争机制，提高服务质量和效率。

四要推进信息化建设，促进基本公共服务数智化。充分利用现代信息技术手段，建立基本公共服务信息平台，实现服务信息的共享和互通。提高服务供给的精准性和便捷性。

五要不断提高服务质量，让老百姓更满意。加强基本公共服务人员队伍建设，提高专业素养和服务能力。引入竞争机制，推动服务供给方不断改进服务质量和效率。

六要优化监督评估机制，确保及时反馈和修正。建立健全基本公共服务监督评估体系，对服务供给的数量、质量、效率等方面进行全面评估和监督。及时发现和解决问题，确保服务供给的规范性和有效性。

七要讲好我国基本公共服务的故事，做到妇孺皆知。加强宣传引导，通过多种渠道和方式宣传基本公共服务制度的重要性和意义，提高公民对基本公共服务的认知度和满意度。引导公民积极参与基本公共服务的监督和评价工作。

没有最好，只有更好，人民群众对高水平、高质量的基本公共服务需求呼唤进一步完善基本公共服务制度体系。综上所述，构建中国特色的基本公共服务制度体系是一项长期而艰巨的任务。这不仅涉及政府的政策制定和资源分配，也需要社会和市场的积极参与和协作，共同为提升基本公共服务质量和效率作出贡献。新时代新征程，必须继续深化基本公共服务制度改革，完善制度体系，加强制度实施，推动基本公共服务事业持续健康发展。与此同时，还应积极探索创新基本公共服务模式和管理机制，提高服务供给的精准性和有效性，更优地满足人民群众日益增长的基本公共服务需求。

本章参考文献：

［1］康健. 基本公共服务制度体系显著优势及其转化为治理效能的实现路径 [J]. 东北大学学报（社会科学版），2021（3）.

［2］姜晓萍，邓寒竹. 中国公共服务 30 年的制度变迁与发展趋势 [J]. 四川大学学报（哲学社会科学版），2009（1）.

［3］国家发展改革委等部门. 国家基本公共服务标准（2023 年版）［R/OL］.（2023-08-09）［2024-07-27］. https://www.ndrc.gov.cn/xxgk/zcfb/tz/202308/P020230810405073515374.pdf.

［4］中华人民共和国国民经济和社会发展第十四个五年规划和 2035 年远景目标纲要 [M]. 北京：人民出版社，2021.

［5］江国华. 健全中国特色基本公共服务制度体系 [J]. 社会治理，2021（1）.

［6］刘小春，李婵，熊惠君. 我国区域基本公共服务均等化水平及其影响因素分析 [J]. 江西社会科学，2021（6）.

［7］张立荣. 当代中国服务型政府建设和公共服务体系完善理论与实证研究：以促进社会公平正义为依归 [M]. 北京：中国社会科学出版社，2012.

［8］郭礼峰. 基本公共服务均等化与政府控制——制度供给的路径选择 [J]. 天水行政学院学报，2009（6）.

［9］王洪川. 完善国家公共服务制度体系现代化发展的路径分析 [J]. 经济学家，2021（1）.

第四章　加强普惠性、基础性、兜底性民生建设

党的十八大以来，习近平总书记一直强调要加强普惠性、基础性、兜底性民生建设。新时代我国的民生福祉得到了显著改善，人民的获得感、幸福感、安全感更加充分、更有保障、更可持续。

第一节　什么是民生和民生建设

在《辞海》中对于"民生"一词的解释是"人民的生计"。所谓民生，顾名思义，就是指人民的日常生活事项。但是，这个概念可以从狭义和广义两个角度来理解。

狭义上的民生，主要是从社会层面上着眼，指民众的基本生存和生活状态，以及民众的基本发展机会、基本发展能力和基本权益保护的状况等。例如，衣、食、住、行、就业、教育、医疗、社保等都是狭义民生的重要内容。本书集中研究的就是狭义的民生，即基本公共服务。

广义上的民生，指的是凡是同民生有关的事情，包括直接相关和间接相关的事情，都属于民生范围内。这个概念的优点是充分强调了民生问题的高度重要性和高度综合性，但其明显的不足在于概念范围过大，几乎可

以延伸到经济、政治、文化、社会等任一领域，使得在具体政策和实际生活领域难以操作和把握。

民生建设是国家通过制定和实施社会政策以保障与改善民生的行动体系。它是以政府为主导，各种社会资源共同参与的一项实践活动，旨在解决百姓日常生活中遇到的具体问题，提升民众的生活质量和幸福感。其根本目的是创造更加公平、可持续和高质量的发展环境，使人民群众能够更好地共享发展成果。因此，在民生建设中，包括加大对教育领域的投入，以提高全民教育水平；完善医疗卫生体系，保障民众的健康；加强就业扶持政策，创造更多就业机会；推进住房保障制度，解决住房困难问题；健全社会保障体系，确保老有所养、病有所医、困有所助等。

当前我国民生建设的重点，一方面，着重于实践路径方面，通过投入有限的财政资源到交通道路、居住条件、文化娱乐设施、教育等领域，使人民群众的生活条件得以改善和提高；另一方面，强调制度层面的建设，通过建立和完善相关制度，如社会保障制度、医疗保障制度、教育制度等，来保障人民的基本权益和生活质量。

我国社会民生建设的总目标就是为了满足社会成员不断增长的物质文化需求，通过全社会的共同努力，解决生老病死、衣食住行等具体的民生问题。从而使得各方利益协调，社会安全得到保障，人民生活质量能够不断提升。

综上所述，民生和民生建设是两个紧密相连的概念。民生是人民群众的现实生活过程，而民生建设则是国家和政府为保障和改善民生所采取的一系列行动和措施。通过民生建设，可以更好地满足人民群众的需求，提高他们的生活水平，推动社会的和谐与进步。

第二节　新时代党和政府高度重视普惠性、基础性、兜底性民生建设

新时代以来，党和政府一直高度重视加强普惠性、基础性、兜底性民生建设，这是我国民生保障体系不断完善和发展的重要体现。

一、普惠性民生建设

普惠性民生建设是对一种旨在广泛惠及全体人民、特别是关注弱势群体、确保基本生活需求得到满足并促进社会公平与和谐发展的民生建设模式。一般说来，普惠性民生建设强调在民生领域实现普遍惠及、公平共享的目标。它不仅仅关注少数人或特定群体的福祉，而是致力于构建一个覆盖全体社会成员、满足基本生活需求、促进社会公平与和谐发展的民生保障体系。这种建设模式体现了以人民为中心的发展思想，旨在让每一个社会成员都能分享到经济社会发展的成果。普惠性民生建设强调公共服务的普遍适用性、平等性、包容性和可访问性，致力于确保所有社会成员都能享受到基本公共服务。这包括教育、医疗、社会保障、就业、住房等多个领域。

在教育领域：进入新时代以来，政府加大教育投入，推动教育公平，确保每个孩子都能接受良好的教育。通过实施一系列教育政策，如义务教育均衡发展、教育扶贫等，努力缩小城乡、区域、学校之间的教育差距。

在医疗领域：进入新时代以来，深化医药卫生体制改革，建立健全覆盖城乡的基本医疗保障制度，提高医疗服务水平和可及性。通过加强基层医疗卫生机构建设、推进分级诊疗等措施，让人民群众在家门口就能享受到优质的医疗服务。

在社会保障领域：进入新时代以来，完善社会保障体系，建立健全覆盖全民、统筹城乡、公平统一、安全规范、可持续的多层次社会保障体系。这包括养老保险、医疗保险、失业保险、工伤保险、生育保险等社会保险制度，以及社会救助、社会福利等社会救助制度。

二、基础性民生建设

基础性民生建设是基于需求侧的民众基本需要和供给侧的国家发展目标及现实条件而确定的民生保障内容及水平。基础性民生建设特别关注人民最基本的生活需要及生存和发展权利，是民生建设的基础和前提，是民生建设的重要组成部分。基础性民生建设作为满足人民最基本、最迫切的生活需求，它涵盖了基本社会保险、社会救助体系、基础教育、基本健康服务、基本就业服务以及针对特殊人群的基础性民生保障等领域。

在基础设施建设领域：进入新时代以来，政府加大基础设施建设投入，提高城乡基础设施水平。这包括交通、水利、电力、通信等基础设施的建设和改造升级，为人民群众的生产生活提供有力保障。

在基本生活保障领域：进入新时代以来，通过实施最低生活保障制度、临时救助制度等社会救助措施，为困难群众提供基本生活保障。同时，加强社会救助体系建设，确保困难群众得到及时有效的救助。

三、兜底性民生建设

兜底性民生建设是指政府建构的一套最后的保障体系，旨在向所有靠其他保障方式无法满足其基本需要的个人和家庭提供最后的保障。这一概念在国内属于较新的范畴，但在民生保障体系中具有极其重要的地位。兜底性民生建设特别强调"兜底"功能，即在整个民生保障体系中，它扮演着最后一道防线的角色。当其他保障方式（如社会保险、家庭保障、市场机制等）无法满足个人或家庭的基本需求时，兜底性民生建设将提供必要的保障，确保这些人群不会跌落到社会所认可的最低标准之下。

在特殊困难群体救助领域：进入新时代以来，针对孤寡老人、残疾人、孤儿等特殊困难群体，政府实施一系列救助政策，如特困人员供养、残疾人福利、孤儿保障等，确保他们的基本生活得到保障。

在综合救助服务领域：进入新时代以来，建立健全综合救助服务体系，为困难群众提供多元化、个性化的救助服务。这包括心理疏导、技能培训、就业援助等多种形式的救助服务，帮助困难群众摆脱困境、实现自我发展。

新时代以来，党和政府一直高度重视加强普惠性、基础性、兜底性民生建设。通过不断完善政策体系、加大投入力度、创新工作机制等措施，我国民生保障体系不断健全和完善，人民群众的获得感、幸福感、安全感不断提升。未来，随着经济社会的持续发展、全面深化改革和中国式现代化的深入推进，我国民生建设将继续向更高水平迈进。

第三节　国际组织关于民生建设的一些理念与行动

很多国际组织在强调民生建设时，通常会从全球视角出发，关注各国人民的福祉和生活质量的提升。

比如联合国有可持续发展目标（SDGs）。联合国制定的 17 个可持续发展目标，其中包括消除贫困、零饥饿、良好健康与福祉、优质教育、性别平等、清洁饮水和卫生设施、经济适用的清洁能源等，这些目标直接关联到民生建设的各个方面。通过全球合作，推动各国政府、私营部门、非政府组织等各方共同努力，实现这些目标。中国是落实联合国 17 个可持续发展目标的先行者。2021 年 9 月，习近平主席提出全球发展倡议，旨在推动实现更加强劲、绿色、健康的全球发展，加快落实 2030 年可持续发展议程。

联合国及其下属机构（如世界卫生组织）在全球卫生领域发挥着重要作用，致力于预防和控制疾病，提高全球卫生水平。在应对全球公共卫生危机时，联合国协调全球资源，提供技术支持和资金援助，帮助各国加强卫生系统建设。

联合国强调教育对于个人发展和社会进步的重要性，推动各国实现教育普及和提高教育质量。通过提供教育援助、分享教育经验和技术支持等方式，帮助发展中国家提升教育水平。

世界银行是联合国的一个专门机构，作为全球最大的多边开发机构之一，一直致力于促进全球减贫和发展。一方面，通过提供贷款、赠款和技术援助等方式，支持各国在基础设施建设、教育、卫生、社会保障等领域的投资，改善民生条件；另一方面，世界银行还为各国政府提供政策咨询和技术支持，帮助它们制定和实施有利于民生发展的政策和计划。

国际货币基金组织与世界银行同时成立，也是联合国的一个专门机构，主要负责维护国际货币和金融体系的稳定，促进全球经济增长。通过提供金融援助、政策指导和技术支持等方式，帮助成员国应对经济挑战，保持经济稳定和发展，从而为民生改善创造有利条件。

国际劳工组织长期关注全球工人的权益和劳动条件，致力于推动各国制定和实施劳工法规，保障工人的基本权利和生活水平。

联合国儿童基金会长期专注于全球儿童的福祉和权益保护，努力通过提供教育、健康、营养等方面的援助和支持，帮助儿童摆脱贫困和困境。

上述这些国际组织在强调民生建设时，具有全球视野和跨国界的特点。它们关注全球性的民生问题和挑战，推动各国之间的合作与协调。一方面，国际组织强调多边合作的重要性，通过全球范围内的合作与协作，共同应对民生领域的挑战和问题；另一方面，国际组织通常具有先进的技术和丰富的资金资源，可以为各国提供技术支持和资金援助，帮助它们改善民生条件和提高人民生活水平。

第四节　协调推进普惠性、基础性、兜底性
民生建设

众所周知，普惠性、基础性、兜底性民生建设既是相互独立的又是高度统一的。普惠性、基础性、兜底性民生建设在民生保障体系中不仅各自具有独特的内涵和作用，同时也是高度统一的，共同构成了我国民生保障的重要支柱。

一、普惠性、基础性、兜底性民生建设的相互独立性

普惠性民生建设具有普遍性、公平性、包容性和高质量性。普惠性民生建设致力于确保所有社会成员都能享受到基本公共服务，不论其性别、种族、年龄、经济状况或其他因素。目前具体内容包括教育、医疗、社会保障、就业、住房等多个领域，旨在提高人民的生活水平和幸福感。

基础性民生建设具有基础性、全面性和长期性。基础性民生建设旨在满足人民最基本的生活需求，为人民群众的生存和发展提供必要的保障。目前具体内容主要包括基本社会保险、社会救助体系、基础教育、基本健康服务、基本就业服务等领域。

兜底性民生建设具有兜底性、保障性和综合性。兜底性民生建设作为民生保障体系的最后一道防线，确保最困难群体得到必要的支持。目前具体内容包括最低生活保障、医疗救助、教育救助、住房救助等，以及针对特殊困难群体的综合性救助服务。

尽管普惠性、基础性、兜底性民生建设具有一定的相互独立性。但是普惠性、基础性、兜底性三者在民生建设中绝对不是孤立存在的，而是相互关联、相互影响的。普惠性民生建设为全体社会成员提供基本公共服务，

为基础性和兜底性民生建设提供了前提和基础；基础性民生建设关注人民最基本的生活需求，为普惠性和兜底性民生建设提供了重要支撑；兜底性民生建设则为最困难群体提供最后的保障，确保了民生保障体系的完整性和有效性。

二、普惠性、基础性、兜底性民生建设的统一性

首先，具有目标一致性。普惠性、基础性、兜底性民生建设都致力于提高人民的生活水平和幸福感，促进社会公平正义和稳定发展。

其次，具有相互补充性。普惠性民生建设为全体社会成员提供基本公共服务；基础性民生建设关注人民最基本的生活需求；兜底性民生建设则为最困难群体提供最后的保障。三者相互补充，共同构成完整的民生保障体系。

最后，具有协同推进性。在具体实践中，普惠性、基础性、兜底性民生建设需要协同推进。各级政府应加大财政投入力度，完善相关政策和制度，加强跨部门协作和资源整合，确保各项民生政策得到有效落实和执行。

三者统一性的存在，决定了普惠性、基础性、兜底性在民生建设中是相互关联、相互支撑、共同促进的关系，它们共同构成了我国公共服务和民生保障体系的重要组成部分。

我们必须看到，正是普惠性、基础性、兜底性在民生建设中的相互促进，共同推动了我国公共服务和民生事业的持续发展。普惠性民生建设的深入推进，促进了社会公平和正义的实现；基础性民生建设的不断加强，提高了人民的生活水平和幸福感；兜底性民生建设的有效实施，则确保了最困难群体的基本生活需求得到满足，维护了社会的稳定与和谐。

普惠性、基础性、兜底性在民生建设中相互支撑，共同构成了我国民生保障体系的稳固基石。普惠性民生建设通过提供普遍适用的公共服务，为全体社会成员创造了良好的生活条件和发展环境；基础性民生建设则通

过满足人民最基本的生活需求，为人民的生存和发展提供了必要的保障；兜底性民生建设则通过为最困难群体提供最后的保障，确保了社会的稳定和公平正义。

综上所述，普惠性、基础性、兜底性民生建设既是相互独立的又是高度统一的。它们各自具有独特的内涵和作用，但共同构成了我国公共服务和民生保障的重要支柱，为实现人民对美好生活的向往提供了有力保障。在未来的发展中，应该继续加强普惠性、基础性、兜底性民生建设，不断完善公共服务和民生保障体系，为人民创造更加幸福美好的生活。

本章参考文献：

[1] 李心萍. 就业保持总体稳定　社保体系不断完备——注重加强普惠性、基础性、兜底性民生建设 [J]. 人才资源开发，2022（19）.

[2] 关信平. 优化民生保障结构及相关社会政策议题——兼论普惠性、基础性、兜底性民生建设的意义与要求 [J]. 社会发展研究，2022（3）.

[3] 周恒新. 倾心尽力做好普惠性基础性兜底性民生建设 [J]. 群众，2022（10）.

[4] 本报评论员. 集中全力做好普惠性基础性兜底性民生建设 [N]. 光明日报，2019-04-19（1）.

第五章　解决好人民最关心最直接最现实的利益问题

习近平总书记在党的十九大报告中明确指出，"保障和改善民生要抓住人民最关心最直接最现实的利益问题"。全心全意为人民服务是中国共产党的根本宗旨。解决好人民最关心最直接最现实的利益问题，是党和政府工作的核心任务之一，也是衡量发展成果的重要标准。这些问题直接关系到人民群众的生活质量和幸福感，是社会稳定和发展的基石。完善基本公共服务制度体系必须聚焦解决好人民最关心最直接最现实的利益问题。

第一节　什么是人民最关心最直接最现实的利益问题

人民最关心最直接最现实的利益问题，是一个广泛且动态变化的概念，它涉及人民群众日常生活的多个方面。这些问题在不同时期、不同地域、不同群体之间可能存在一定的差异，但总体上可以归纳为以下几个方面。

关于教育的问题：教育是民族振兴和社会进步的基石，事关国家未来和民族希望。人民群众普遍关心教育资源的均衡分配、教育质量的提升以及教育公平的实现。其中包括优质教育资源的均衡分配，确保每个孩子都能享受到高质量的教育；教育制度的改革与创新，以适应社会发展的需要和人才培养的新要求；教育公平的实现，特别是针对贫困地区和弱势群体的教育支持。

关于就业的问题：就业是民生之本，是人民群众获得收入、改善生活的基本途径。人民群众最关心的是如何找到稳定的工作、获得合理的薪酬待遇以及享有良好的工作环境。其中包括就业机会的创造与扩大，特别是针对高校毕业生、农民工等重点群体的就业支持；就业服务的完善与提升，包括职业培训、就业指导等；劳动关系的和谐稳定，保障劳动者的合法权益。

关于社会保障的问题：社会保障是人民群众安全网的兜底工程，关系到人民群众的基本生活和长远福祉。人民群众普遍关心社会保障制度的完善与公平性问题。其中包括社会保障制度的建立健全，如养老保险、医疗保险、失业保险等制度的完善；社会保障待遇的提高与调整机制，确保人民群众的基本生活需求得到满足；社会保障服务的便捷化与高效化，提高人民群众的获得感和满意度。

关于医疗健康的问题：健康是人民群众最基本的需求之一。人民群众最关心的是如何获得便捷、高效、优质的医疗服务以及如何减轻医疗负担。其中包括医疗卫生服务体系的完善与提升，如医疗资源的均衡分配、医疗服务质量的提升等；医疗保障制度的建立健全，如基本医疗保险制度的完善、大病保险制度的建立等；公共卫生服务的普及与提升，如疾病预防、健康教育等。

关于住房的问题：住房是人民群众的基本生活需求之一。人民群众最关心的是如何获得合适的住房以及住房条件的改善。其中包括住房保障制度的建立健全，如保障性住房的建设与分配等；房地产市场的健康发展与调控，确保房价在合理区间内波动；住房条件的改善与提升，如老旧小区改造、住房安全保障等。

关于生态环境的问题：生态环境与人民群众的生活质量和身体健康密切相关。人民群众最关心的是如何保护好生态环境、实现可持续发展。其中包括生态环境保护制度的建立健全与严格执行、环境污染的治理与修复工作、生态文明建设的推进与绿色发展理念的普及等。

关于社会治理的问题：社会治理关系到社会的和谐稳定与人民群众的安居乐业。人民群众最关心的是如何加强社会治理、维护社会公平正义。其中包括社会治理体系的完善与创新、社会矛盾纠纷的排查与化解工作、社会治安的维护与公共安全的保障工作等。

综上所述，人民最关心最直接最现实的利益问题是多方面的、复杂的且动态变化的。各级政府和社会各界应密切关注人民群众的需求与关切，采取有效措施加以解决和回应。

第二节　坚持以人民为中心

坚持以人民为中心，要求始终把人民立场作为根本立场，进一步凸显了人民性这一马克思主义最鲜明的品格；要求把人民对美好生活的向往作为奋斗目标，努力为实现中华民族伟大复兴不懈奋斗，为人类作出新的更大的贡献，彰显中国共产党人的初心和使命；要求坚定不移推进党的伟大自我革命，确保党始终保持同人民群众的血肉联系，筑牢党长期执政最可靠的阶级基础和群众根基。坚持以人民为中心，完善基本公共服务制度体系，主要涉及如何更好地满足人民群众的基本需求，提升他们的获得感、幸福感和安全感。

一、明确以人民为中心的服务导向

坚持以人民为中心，需要明确公共服务为谁提供、靠谁提供、由谁享有的根本问题。这意味着在政策制定和实施过程中，要始终站在人民的立场，关注人民的最关心最直接最现实的利益问题。同时，要深入群众、深入基层，了解他们的真实需求和期望，以此为导向来完善基本公共服务制度体系。

二、健全基本公共服务体系

在完善基本公共服务制度体系的过程中，需要建立健全全方位、多层次、宽领域的基本公共服务体系。这包括教育、医疗、社保、住房等人民群众最基本的需求方面。通过扩大服务的覆盖面，提高服务的质量和效率，使更多的人民群众能够享受到优质的基本公共服务。

三、增强均衡性和可及性

增强基本公共服务的均衡性和可及性是完善制度体系的重点。均衡性要求关注区域、城乡、群体之间的公共服务资源有效配置，减少社会成员在公共服务获得上的差异。这需要通过深化改革、创新供给机制等方式来实现。而可及性则强调服务的便利性和可获取性，需要优化服务设施的空间布局，降低服务价格，提高服务质量，以确保人民群众能够方便、快捷地获取到所需的服务。

四、强化政策保障和监管

为了确保基本公共服务的有效实施，需要加强相关政策法规的制定和执行力度。这包括明确各级政府的职责和服务标准，建立科学的评估机制和激励机制，以及加强对公共服务质量的监管等。通过这些措施，可以确保基本公共服务制度体系的顺利实施，并推动其不断完善和发展。

五、促进多元参与和合作共治

在完善基本公共服务制度体系的过程中，应积极鼓励和支持社会各界的力量参与进来。通过政府购买服务、政府和社会资本合作（PPP）等方式，引入社会资本和专业技术力量，共同提供基本公共服务。这不仅有助于减轻政府的负担，还能提高服务的效率和质量，更好地满足人民群众的需求。

总而言之，坚持以人民为中心完善基本公共服务制度体系是一个系统工程，需要多方面的努力和配合。只有通过全社会的共同努力和持续不断的改进和完善，才能真正实现人民群众对美好生活的向往和追求。

第三节　贯彻新发展理念

新发展理念，即创新、协调、绿色、开放、共享的发展理念，是习近平新时代中国特色社会主义思想的重要组成部分。这些理念相互贯通、相互促进，为完善基本公共服务制度体系提供了根本遵循和行动指南。完善基本公共服务制度体系必须完整、准确、全面贯彻新发展理念。

一、关于基本公共服务制度体系的创新发展

首先要创新服务模式。充分利用大数据、云计算、人工智能等现代信息技术手段，推动基本公共服务模式创新，实现服务的智能化、精准化、个性化。例如，通过在线教育平台提供优质教育资源，通过远程医疗系统解决看病难问题。

其次要创新投入机制。积极鼓励社会资本参与基本公共服务供给，形成政府主导、社会参与的多元投入机制。通过政府和社会资本合作（PPP）模式、政府购买服务等方式，拓宽资金来源渠道，提高服务供给效率。

二、关于基本公共服务制度体系的协调发展

首先要促进城乡融合发展和区域协调发展。加大对中西部地区和农村地区的基本公共服务投入力度，缩小区域间、城乡间基本公共服务差距。通过政策扶持、项目倾斜等方式，推动基本公共服务资源向基层延伸、向农村覆盖。

其次要推动领域协调发展。在完善基本公共服务体系过程中，要注重各领域之间的协调发展。例如，加强教育与就业、医疗与养老等领域的衔接配合，形成协同发展的良好局面。

三、关于基本公共服务制度体系的绿色发展

首先要推广绿色低碳服务。在提供基本公共服务时注重环保和可持续发展。例如，推广绿色建筑、绿色交通、绿色能源等环保产品和服务；加强生态环境保护宣传教育，提高公众环保意识。

其次要建设绿色基础设施。加大对绿色基础设施的投入力度，如建设城市绿地、公园等公共休闲空间，完善垃圾分类、污水处理等环保设施，推动公共交通系统绿色化改造等。

四、关于基本公共服务制度体系的开放发展

首先要加强国际合作。积极参与国际基本公共服务交流与合作项目，借鉴国际先进经验和技术手段提升我国基本公共服务水平，推动基本公共服务标准和规范的国际化进程。

其次要拓展服务领域。在保障基本公共服务需求的基础上积极拓展服务领域和范围。例如，加强对外文化交流与合作，推动跨境医疗、教育等服务的开展，提高基本公共服务对外籍人士和跨国企业的吸引力等。

五、关于基本公共服务制度体系的共享发展

首先要增强服务公平性。确保基本公共服务覆盖全体人民特别是低收入群体和特殊困难群体，通过政策扶持和制度保障实现基本公共服务均等化目标，加强对弱势群体的关爱，帮助提高其生活质量和幸福感。

其次要提高服务可及性。优化基本公共服务设施布局和资源配置，降低服务门槛和成本，提高服务质量和效率，确保人民群众能够方便、快捷地获取到所需的基本公共服务。

总而言之，完善基本公共服务制度体系必须贯彻新发展理念，通过创新发展、协调发展、绿色发展、开放发展和共享发展不断提高服务质量和效率，满足人民日益增长的美好生活需要。同时要注重政策制定和实施过程中的科学性、合理性和可操作性，确保各项措施能够得到有效落实并取得实实在在的成效。

第四节　坚持问题导向

坚持问题导向既是我党推动全面深化改革的重要经验，也是我党一贯的思想方法和工作方法。从全面深化改革根本目的看，改革就是为了解决阻碍生产力和社会发展的体制机制、思想观念、利益矛盾等一系列问题，继而推动人的全面发展和社会全面进步；从全面深化改革实践看，从哪里改、如何改，不能主观地凭空想象，必须实事求是，坚持问题导向，哪有问题就向哪里改。

在完善基本公共服务制度体系过程中，始终坚持好问题导向是至关重要的。这要求我们在实践中以发现和解决问题为出发点和落脚点，不断推动制度体系的优化和提升。

一、明确问题识别机制

一要建立多渠道反馈系统。通过政府热线、在线平台、民意调查等多种渠道收集公众对基本公共服务的需求和意见，确保问题来源的广泛性和真实性。

二要实施定期评估与监测。建立基本公共服务绩效评估体系，定期对各项服务进行评估和监测，及时发现服务过程中存在的问题和不足。

三要开展专家咨询与论证。邀请相关领域的专家学者参与问题识别和制度设计，确保问题的科学性和解决方案的有效性。

二、深入分析问题根源

一要学会采纳系统思维。要运用系统思维方法，将问题置于更广泛的经济社会背景中进行分析，找出问题的深层次原因和关联因素。

二要学会使用数据支持。要依托大数据、云计算等现代信息技术手段，对收集到的数据进行深度挖掘和分析，为问题诊断提供有力支持。

三要动员公众普遍参与。要鼓励公众参与问题分析和讨论，增强公众对问题的认知和理解，形成解决问题的共识和合力。

三、精准施策解决问题

一要采取针对性措施。根据问题分析和诊断结果，制定具有针对性和可操作性的政策措施，确保问题得到有效解决。

二要优先解决重点难点问题。集中力量优先解决群众反映强烈、影响面广的重点难点问题，如教育、医疗、社保等领域的突出问题。

三要强化监督与评估。建立健全监督评估机制，对政策措施的执行情况进行跟踪评估和监督，确保政策落实到位并取得预期效果。

四、持续改进与优化

一要学会动态调整。要根据经济社会发展变化和公众需求的变化，动态调整基本公共服务制度体系的内容和标准，确保服务的适应性和前瞻性。

二要善于总结经验与教训。通过及时总结经验教训，将成功的经验和做法固化为制度成果，为未来的制度完善提供借鉴和参考。

三要加强宣传与引导。通过加强基本公共服务制度体系的宣传与引导工作，提高公众对制度体系的认知度和满意度，形成全社会共同关注和支持的良好氛围。

一言以蔽之，在完善基本公共服务制度体系过程中始终坚持好问题导向需要我们具备敏锐的问题意识、科学的问题分析方法和有效的问题解决策略。只有这样才能确保制度体系更加符合人民群众的需求和期望，为社会的和谐稳定和发展进步提供有力保障。

第五节　坚持目标导向

2024年5月23日，习近平总书记在济南主持召开企业和专家座谈会时强调，进一步全面深化改革，要锚定完善和发展中国特色社会主义制度、推进国家治理体系和治理能力现代化这个总目标，紧扣推进中国式现代化，坚持目标导向和问题导向相结合，奔着问题去、盯着问题改。

完善基本公共服务制度体系，确实也需要坚持目标导向。目标导向意味着在设计和完善制度时，要明确制度的目标和宗旨，即确保基本公共服务能够公平、可及、可持续地惠及全体人民。以下是坚持目标导向在完善基本公共服务制度体系中的几个关键点：

第一，要明确基本公共服务制度的目标，即保障人民的基本生活需求，提高人民的生活质量和幸福感。这包括教育、医疗、社保、住房、文化体育等各个领域的基本公共服务。

第二，在完善制度时，要始终坚持以人民为中心的发展思想，把人民的利益放在首位。这意味着制度设计要充分考虑人民的需求和期望，确保制度能够真正满足人民的基本公共服务需求。

第三，基本公共服务制度应当体现公平正义的原则，确保服务资源的公平分配和服务的均等化。通过完善制度，减少城乡、区域、群体之间的服务差距，让全体人民共享改革发展成果。

第四，在坚持公平的基础上，还要注重提高基本公共服务的效率。通过优化服务流程、提升服务质量、加强监管和评估等措施，确保服务能够高效、便捷地提供给人民。

第五，完善基本公共服务制度体系需要强有力的制度保障。这包括法律法规的制定和完善、财政投入的稳定增长、人才队伍的建设和培养等方面。通过制度保障，确保基本公共服务制度的长期稳定和可持续发展。

第六，面对不断变化的社会需求和挑战，基本公共服务制度也需要不断创新和调整。在坚持目标导向的同时，要注重制度的灵活性和适应性，及时根据新情况、新问题对制度进行修订和完善。

第七，完善基本公共服务制度体系还需要加强社会参与。通过政府、市场、社会等多方面的合作和协同，形成合力，共同推动基本公共服务的发展。同时，也要加强信息公开和透明度，让人民群众更好地了解和监督基本公共服务的提供情况。

总而言之，坚持目标导向也是完善基本公共服务制度体系的重要原则。只有明确制度目标、以人民为中心、促进公平正义、提高服务效率、强化制度保障、注重创新和灵活性以及加强社会参与等方面的工作都做好，才能真正构建起一个符合人民需求、高效公平的基本公共服务制度体系。

综上所述，完善基本公共服务制度体系坚持目标导向和坚持问题导向是辩证统一的。目标导向强调为实现既定目标而对基本公共服务行动战略、策略和步骤等进行有效安排，是从未来倒推到现在；问题导向强调对当前基本公共服务问题进行精准识别、分析和解决。实现目标的过程必然伴随着解决问题，解决问题的过程也就是实现目标的过程。在完善基本公共服务制度体系过程中，目标导向更具有战略性和方向性，问题导向更具有战术性和针对性。

第六节　不断提高公共服务均衡化、优质化水平

2020 年 11 月 12 日，习近平总书记在浦东开发开放 30 周年庆祝大会上的讲话指出："要着力解决人民群众最关心最直接最现实的利益问题，不断提高公共服务均衡化、优质化水平。"

不断提高基本公共服务均衡化、优质化水平是一个复杂而系统的工程，需要政府、社会、市场等多方面的共同努力。

一要强化规划引领与顶层设计。针对教育、医疗、养老等关键领域，编制专项规划，明确发展目标、路径和重点任务。这些规划应充分考虑区域差异和人口结构变化，确保服务的均衡性和可持续性。按照常住人口的数量和结构均衡配置公共服务资源，降低基本公共服务与户籍的关联度，推动基本公共服务由常住地供给、覆盖全部常住人口。

二要加强基础设施建设与升级。增加对公共服务基础设施的投资，包括学校、医院、养老院、文化设施等，提升设施的硬件水平和服务能力。科学规划公共服务设施的布局，确保服务半径合理、服务人口均衡，方便群众就近享受服务。加强对现有设施的改造升级，提高设施的安全性和舒适度，满足人民群众对高质量服务的需求。

　　三要推进制度创新与机制改革。建立健全基本公共服务制度体系，明确服务标准、保障范围和供给方式，确保服务的公平性和可及性。推动公共服务供给模式创新，引入社会力量参与服务供给，形成政府主导、多方参与的格局。通过政府购买服务、合作共建等方式，提高服务效率和质量。建立健全监管机制，对公共服务供给主体进行监管和评估，确保服务质量和安全。

　　四要提升服务能力与水平。加大对公共服务人员的培训力度，提高他们的专业素养和服务能力。通过定期培训、交流学习等方式，不断提升服务人员的综合素质。运用现代信息技术手段，如大数据、云计算、人工智能等，提高公共服务的智能化水平。通过在线服务、远程服务等方式，方便群众随时随地享受服务。在服务过程中注重人文关怀，关注服务对象的感受和需求，提供个性化、差异化的服务。通过情感沟通、心理疏导等方式，增强服务对象的获得感和满意度。

　　五要加强宣传与引导。通过媒体宣传、政策解读等方式，加强对基本公共服务政策的宣传和推广，提高公众对政策的知晓率和认同感。鼓励社会组织和志愿者参与公共服务供给，形成全社会共同关注和支持公共服务的良好氛围。通过志愿服务、公益捐赠等方式，为公共服务事业贡献力量。

　　六要加强财政保障与政策支持。建立健全基本公共服务财政投入增长机制，不断调整和优化财政支出结构，确保更多财政资金投向基本公共服务领域。逐步加大一般性转移支付力度，有针对性地减少专项转移支付，确保资金使用的灵活性和有效性。同时，加大对贫困地区和弱势群体的财政支持力度。

　　总之，提高基本公共服务均衡化、优质化水平需要多方面的共同努力和持续推进。通过强化规划引领、加强基础设施建设、推进制度创新与机制改革、提升服务能力与水平、加强宣传与引导以及加强财政保障与政策支持等措施的实施，可以逐步实现基本公共服务的均衡化和优质化目标。

党的二十届三中全会强调，完善基本公共服务制度体系，加强普惠性、基础性、兜底性民生建设，解决好人民最关心最直接最现实的利益问题，不断满足人民对美好生活的向往。

保障和改善民生没有终点，认真落实党的二十届三中全会部署要求，未来仍需持续努力，采取更多惠民生、暖民心举措，着力解决好人民群众急难愁盼问题，健全基本公共服务制度体系，提高公共服务水平，扎实推进共同富裕，在幼有所育、学有所教、劳有所得、病有所医、老有所养、住有所居、弱有所扶上持续用力，让人民群众的获得感、幸福感、安全感更加充实、更有保障、更可持续。

本章参考文献：

［1］曾维康. 解决好群众最关心最直接最现实的利益问题 [J]. 当代广西，2022（24）.

［2］李彤彤. 解决人民群众最关心最直接最现实的利益问题 [N]. 邯郸日报，2022-11-11（3）.

［3］李鹃. 共产党就是给人民办事的 [N]. 中国纪检监察报，2022-03-20（1）.

［4］北京市习近平新时代中国特色社会主义思想研究中心. 深刻领会坚持以人民为中心 [N]. 人民日报，2019-10-30（9）.

［5］为什么保障和改善民生要抓住人民最关心最直接最现实的利益问题？[J]. 共产党员，2017（22）.

［6］人民群众最关心、最直接、最现实的利益问题的内涵及主要表现是什么？[J]. 新长征（党建版），2013（8）.

第六章　不断满足人民对美好生活的向往

2012 年 11 月 15 日，习近平总书记在党的十八届中央政治局常委同中外记者见面时说："我们的人民热爱生活，期盼有更好的教育、更稳定的工作、更满意的收入、更可靠的社会保障、更高水平的医疗卫生服务、更舒适的居住条件、更优美的环境，期盼孩子们能成长得更好、工作得更好、生活得更好。人民对美好生活的向往，就是我们的奋斗目标。"将人民对美好生活的向往作为奋斗目标，充分体现了党和政府始终坚持以人民为中心的发展思想。

第一节　人民的美好生活是什么

人民的美好生活是一个多维度的概念，它不仅仅包括物质层面的富足，还涵盖了精神文化、社会环境、生态环境、公共服务等多个方面。那么，究竟什么是具体的美好生活呢？当下人民对美好生活的向往包含了多方面的内容，主要集中在以下几个方面：

——在物质生活方面，包括稳定且丰厚的收入，以满足衣食住行等基本生活需求，并能够追求更高品质的消费；拥有安全、舒适且宽敞的居住环境，具备良好的基础设施和便捷的交通条件。

——在教育领域，期望能享受到优质、公平且多样化的教育资源，从学前教育到高等教育，乃至终身学习的机会，以提升自身素质和竞争力。

——在医疗健康方面，渴望获得便捷、高效、高质量且负担得起的医疗服务，包括预防保健、疾病诊治、康复护理等全周期的健康保障。

——在就业创业方面，希望有更多的就业机会，良好的工作环境和合理的劳动报酬，以及公平的职业发展通道和支持创业创新的政策环境。

——在社会保障方面，期待健全完善的养老、失业、工伤等社会保险制度，以及社会救助、社会福利等保障体系，能应对各种生活风险。

——在精神文化方面，追求丰富多彩的文化生活，如各类文艺演出、展览、阅读活动等，满足自身的兴趣爱好和审美需求。

——在社会环境方面，期望生活在安全、和谐、文明、法治的社会中，人际关系友善，社会秩序良好，公平正义得到充分体现。

——在生态环境方面，向往蓝天白云、绿水青山，清新的空气、干净的水源和优美的自然景观，实现人与自然的和谐共生。

——在个人发展方面，希望能够充分发挥自己的潜能，实现个人价值，拥有自由选择生活方式和实现梦想的权利。

人民对美好生活的追求是一个动态的过程。随着社会的发展和进步，人民对美好生活的期待和要求也在不断提高。国家和社会的发展目标就是不断满足人民日益增长的美好生活需要。

第二节　不断满足人民对美好生活的向往的重要意义

中国共产党始终坚持以人民为中心的发展思想，全心全意为人民服务是党的根本宗旨。不断满足人民对美好生活的向往，是党的宗旨的具体实践，是贯彻党的群众路线的必然要求，具有极其重要的意义，可以从以下几个视角去理解把握：

——从人民的主体地位来看，人民是国家的主人，是历史的创造者和推动者。满足人民对美好生活的向往，是党和国家一切工作的出发点和落脚点，这体现了对人民主体地位的尊重和保障。

——从社会发展的目标来看，社会发展的最终目的是提高人民的生活水平，促进人的全面发展。不断满足人民对美好生活的向往，能够激发人民的积极性、主动性和创造性，为社会的持续发展提供源源不断的动力。

——从社会公平正义的角度而言，让全体人民共享发展成果，过上美好生活，是实现社会公平正义的内在要求。只有满足人民对美好生活的向往，才能减少社会矛盾，促进社会和谐稳定。

——从国家治理的效能来说，能否满足人民的需求，直接关系到国家治理体系和治理能力现代化的水平。不断提升满足人民向往的能力和水平，能够增强政府的公信力和执行力，提高国家治理的效能。

——从人类文明进步的视野观察，满足人民对美好生活的向往，是人类社会文明进步的重要标志，也是推动人类文明不断向前发展的强大动力。

人民对美好生活的向往是一种正当的、合理的、合法的诉求，是中国共产党的根本宗旨和初心所在。实现人民对美好生活的向往，需要从多方面入手，包括经济、政治、文化、社会、生态文明等各个领域。具体来说，需要不断提高人民的物质生活水平，改善人民的生活环境和条件，提高人民的文化素质和精神生活水平，保障人民的权利和利益，提高人民的参与和发展机会等。

综上所述，不断满足人民对美好生活的向往，是坚持以人民为中心的发展思想的必然要求，对于推动社会进步、实现国家长治久安和促进人类文明发展都具有不可估量的重要意义。只有把人民的利益放在首位，倾听人民的声音，回应人民的关切，不断解决人民面临的实际问题，才能努力增进人民的获得感、幸福感、安全感。

第三节　如何实现人民对美好生活的向往

"美好生活是奋斗出来的"，这句话深刻地揭示了实现幸福生活的真谛。它强调了每一个个人努力、持续奋斗与美好生活之间的紧密联系，鼓励人们通过自身的不断努力和奋斗去创造更加美好的生活。

首先，奋斗是实现个人价值和社会进步的重要途径。每个人都有自己的梦想和追求，而只有通过不懈的奋斗，才能将这些梦想变为现实。在奋斗的过程中，我们不仅能够提升自己的能力和素质，还能够为社会作出更大的贡献，实现个人价值与社会价值的统一。

其次，奋斗是创造美好生活的必要条件。美好的生活不是凭空而来的，而是需要我们通过辛勤的劳动和不懈的努力去创造。无论是物质生活的改善，还是精神世界的丰富，都需要我们付出艰辛的努力和汗水。只有通过奋斗，我们才能够获得更好的工作机会、更高的收入水平和更加舒适的生活环境，从而享受到更加美好的生活。

最后，奋斗还能够让我们更加珍惜和感恩所拥有的一切。在奋斗的过程中，我们会遇到各种困难和挑战，也会经历许多艰辛和磨难。但是，正是这些经历让我们更加深刻地认识到生活的来之不易和美好之处。因此，当我们通过奋斗获得成功和幸福时，我们会更加珍惜和感恩所拥有的一切，也会更加懂得如何去回报社会和关爱他人。

实现人民对美好生活的向往，主要有以下几个路径：

一是推动经济高质量发展。持续深化供给侧结构性改革，加快创新驱动发展，促进产业升级，推动经济持续健康增长，为人民提供更多的就业机会和更高的收入水平。

二是加强社会建设。加大在教育、医疗、养老、住房等民生领域的投入，提高基本公共服务的均等化水平，构建更加公平、可持续的社会保障体系。

三是促进社会公平正义。推进法治建设，确保法律面前人人平等，维护公民的合法权益。加强收入分配制度改革，缩小收入差距，促进社会财富的公平分配。

四是推进生态文明建设。加强环境保护，推动绿色发展，提供更多优质的生态产品，让人民在优美的生态环境中生活。

五是丰富精神文化生活。大力发展文化事业和文化产业，提供丰富多样、高品质的文化产品和服务，满足人民的精神文化需求。

六是加强社会治理创新。完善社会治理体系，提高社会治理能力，打造共建共治共享的社会治理格局，增强人民的安全感和幸福感。

七是促进城乡区域协调发展。缩小城乡差距、区域差距，推动城乡融合发展，实现区域协调发展，让全体人民共享发展成果。

八是全面深化改革开放。破除体制机制障碍，激发市场活力和社会创造力，为实现人民对美好生活的向往提供制度保障和动力支持。

归根到底，实现人民对美好生活的向往是一个综合性、系统性的工程，需要全社会共同努力，不断推进各项改革和发展举措的落实。

第四节　经济合作与发展组织关于美好生活的测量指标体系研究

经济合作与发展组织（OECD）关于美好生活的测量指标体系研究，主要体现在其推出的"美好生活指数"（Better Life Index）上。该指数是一套用于测度经济合作与发展组织各成员国居民生活质量的指标体系，旨在通过多维度的指标来全面反映居民的生活状况和幸福感。以下是对美好生活指数测量指标体系的具体研究：

一、关于美好生活指标体系的概述

美好生活指数自 2011 年起开始发布，每年更新一次，以评估其成员国居民的生活质量。该指数包含了多个一级指标和二级指标，这些指标涵盖了居民生活的各个方面，如住房、收入、工作、社区、教育、环境、公民参与、健康、生活满意感、安全以及工作—生活平衡度等。

二、具体指标构成

根据公开发布的信息，美好生活指数的指标体系大致如下（以 2020 年版为例，后续年份可能有所调整）：

在住房方面，重点统计缺乏基本设施的住房占全部住房的比例、住房花销占总花销的比例、人均房间数。

在居民收入方面，重点统计经过调整的家庭可支配收入、家庭财产性收入。

在工作方面，重点统计就业率、就业岗位安全性、长期失业率、个人劳动所得。

在社区方面，重点统计社区支持性网络的质量。

在教育方面，重点统计高学历比例、学生能力、受教育年数。

在环境方面，重点统计空气污染状况、水质。

在公民参与方面，重点统计规则制定过程中政府与百姓的咨商程度等。

在健康方面，重点统计寿命期望、自我判断的健康状况。

在生活满意感方面，无二级指标，直接主观评估居民的整体生活满意感。

在安全方面，重点统计侵人犯罪率、杀人犯罪率。

在工作—生活平衡度方面，重点统计长时间工作的雇员占雇员总数的比例、投入休闲与个人保健护理的时间。

三、测量方法与数据来源

美好生活指数的测量主要采用多指标综合评价方法，通过收集和分析各成员国在各项指标上的数据，计算得出各国的得分。数据来源主要包括经济合作与发展组织数据库、联合国统计数据库以及部分国家的官方统计数据库等。

四、研究意义与应用

美好生活指数的研究意义在于提供了一个全面、多维度的视角来评估居民的生活质量，有助于政策制定者更好地了解居民的需求和关注点，从而制定更加符合民生需求的政策。同时，该指数也为学术界和公众提供了一个了解和比较不同国家居民生活质量的工具。

在具体应用方面，美好生活指数可以用于评估各国在改善居民生活质量方面的成效，为国际比较和借鉴提供了重要依据。此外，该指数还可以作为政策制定和评估的参考指标，为政府决策提供科学依据。

综上所述，经济合作与发展组织关于美好生活的测量指标体系研究是一个复杂而系统的工程，涉及多个方面和多个层次。通过不断完善和优化指标体系、提高数据质量和可靠性以及加强国际合作与交流等措施，可以进一步提升经济合作与发展组织美好生活指数的科学性和实用性。

第五节　中国美好生活指数

人民对美好生活的向往，就是我们的奋斗目标。在 14 亿多中国人心目中的美好生活究竟是什么样子呢？衡量美好生活感受的标尺是什么？影响中国人获得感、幸福感、安全感的密码又是什么？近十多年来央视财经频道的《中国美好生活大调查》（曾用名《中国经济生活大调查》）持续发布了年度中国美好生活指数。

中国美好生活指数研究是一个综合性的研究领域，旨在通过数据分析和指标构建来评估中国居民的生活质量、幸福感以及对美好生活的满意度。这一研究通常由多个权威机构共同参与，如中央广播电视总台、国家统计局、中国邮政集团有限公司、北京大学国家发展研究院等。以下是对中国美好生活指数研究的一些主要方面和特点的归纳。

一、研究背景与目的

中国美好生活指数研究的背景在于人民对美好生活的向往和追求，以及国家对于提升居民生活质量的重视。研究的目的在于通过科学的指标体系和数据分析，全面反映居民生活的各个方面，为政策制定、社会发展和个人幸福提供科学依据。

二、研究方法与数据来源

关于研究方法，一般采用问卷调查、入户访谈、大数据分析等多种方法收集数据。构建多维度、多层次的指标体系，涵盖经济、社会、文化、环境等多个方面。对收集到的数据进行统计分析、权重赋值和综合评价，得出中国美好生活指数。这个大调查采用"大数据挖掘＋公众调查"的方式，确立了"中国美好生活指数"指标体系，旨在全面了解我国人民对新时代经济、政治、文化、社会和生态文明的感受和满意度。大调查依托中国邮政遍布全国的网络，面向全国 10 万家庭进行明信片入户问卷调查，38项美好生活指标构成问卷选项，受访者按照 1—10 分对各项指标满意度进行打分。

大调查联合政府部门、智库、顶级互联网公司、大数据研究院，成立中国经济生活大调查数据联盟，暨央视财经"中国美好生活指数"研究院。联盟成员除了4家发起单位之外，还有腾讯、阿里巴巴、京东、小米、携程、链家、智联招聘等10多家公司。大调查数据联盟将主观感受数据与客观行为数据深度融合，重磅推出"美好生活指数"系列数据产品，进行年度及季度发布，旨在打造以"美好生活指数"为核心的国家数据品牌。

关于中国美好生活指数研究的相关数据来源，一般主要来源于政府统计数据、社会调查数据、学术研究成果等。例如，中央广播电视总台、国家统计局等权威机构会定期发布相关数据和报告，为研究提供重要支持。这些机构发布的数据和报告具有较高的权威性与可信度，为公众了解我国居民的生活质量提供了重要参考。

三、指标体系构成

"中国美好生活指数"指标体系包含3个一级指标38个二级指标。

一级指标包括：获得感、幸福感、安全感。

二级指标对应包括：获得感细化指标（薪酬水平、物价水平、福利水平、工作强度、晋升空间、住房条件、养老质量、孩子成长、自我价值、消费便利、政府办事效率、政府服务意识、教育培训等）；幸福感细化指标（收入水平、健康状况、家庭和谐、人际社交、社会认同、心态情绪、业余生活、精神追求、榜样力量、文化自信、同事关系、团队文化等）；安全感细化指标（治安状况、信息安全、食品安全、财产安全、生态环境、社会保障、诚信状况、法治观念、道德规范、行业前景、交通状况、廉政反腐、政商关系等）。

一级指标权重，采用专业和政策解析的方法。根据政治学、经济学、社会学相关专家意见，并结合国家政策的侧重点，获得感、幸福感、安全感平均赋权，分别占三分之一权重。

二级指标赋权，采用"大数据挖掘＋公众调查"相结合的方法。大调查联合清博数据，围绕"获得感、幸福感、安全感"三个关键词，基于大数据挖掘技术，对企业开放数据、两微一端一站等新媒体平台数据、全网舆情数据等进行全面采集，通过分词、聚类、权重计算（TFIDF 公式算法）等技术手段，将 38 个指标按照"获得感、幸福感、安全感"三个维度进行特征分类，并按照与三种感受相关指标的关联重要程度进行排序，然后按照排序结果进行赋权。

四、主要发现与趋势

根据近年来的研究数据和报告，中国美好生活指数呈现出以下主要发现和趋势：

一是经济状况持续改善，居民收入水平不断提高，消费能力增强，就业状况保持稳定。

二是社会福祉不断提升，社会保障体系不断完善，教育、医疗、养老等公共服务水平提高，居民的安全感和信任度增强。

三是文化娱乐丰富多彩，居民的文化娱乐生活日益丰富多样，博物馆、图书馆、剧院等文化设施不断增加，文化活动频繁举办。

四是环境质量逐步改善，政府加大对环境保护的投入力度，空气质量、水质等环境指标逐步改善，居民的生活质量得到提高。

中国美好生活指数在研究中，还会选取一些典型城市或地区作为案例进行分析，如北京、上海、成都、西安、深圳、杭州等。这些城市在提升居民生活质量、建设宜居城市方面取得了显著成效，为其他地区提供了可借鉴的经验和做法。

五、政策建议与展望

基于研究结果，中国美好生活指数研究团队会提出一系列政策建议，旨在进一步提升居民的生活质量和幸福感。同时，也会对未来的研究方向和趋势进行展望，为持续推动中国美好生活指数研究提供参考。

总之，构建中国美好生活指数研究是一个复杂而庞大的系统工程，需要多个权威机构共同参与和合作。通过科学的方法和严谨的数据分析，不仅可以全面反映居民生活的各个方面，而且可以为政策制定、社会发展和个人幸福提供科学依据。

第六节　美好生活中的基本公共服务典型案例

那么，人民对美好生活新期待中的基本公共服务究竟是什么呢？它建立在广泛的社会共识之上，旨在根据经济社会的发展阶段和总体水平，为维持社会稳定、促进社会正义和凝聚力，保护个人最基本的生存权和发展权，提供一系列基本的社会条件。

2020 年 3 月，国家市场监管总局、国家发展改革委、财政部联合下达国家基本公共服务标准化试点项目，福田区获批成为国家首批、深圳唯一的基本公共服务标准化综合试点地区。几年下来，福田举全区之力推动综合试点改革项目落地见效。其间，福田区梳理形成"幼有善育、学有优教、劳有厚得、病有良医、老有颐养、住有宜居、弱有众扶、优军服务保障、文化体育保障"九大服务领域 143 个服务事项，建立了全流程、全链条、立体式的基本公共服务标准体系，高质量打造了基本公共服务标准化的深圳案例。

幼有善育：不断优化学前教育资源配置，提高幼儿园办园质量，推动学前教育普惠优质发展。通过建设更多公办幼儿园和普惠性民办幼儿园，扩大优质学前教育资源供给，确保每个孩子都能享受到高质量的学前教育。

学有优教：持续加大教育投入，推进教育现代化和高质量发展。通过多种举措提升教师队伍整体素质；同时，加强学校基础设施建设，改善办学条件，提高教育教学水平。

劳有厚得：致力于构建和谐劳动关系，保障劳动者合法权益。通过完善就业服务体系、加强职业技能培训、提高最低工资标准等措施，促进劳动者实现高质量就业和体面劳动。

病有良医：加快推进医疗卫生事业改革发展，构建覆盖城乡的医疗卫生服务体系。通过引进高层次医疗卫生人才、加强医疗基础设施建设、推动分级诊疗制度建设等措施，提高医疗服务水平和质量。

老有颐养：积极应对人口老龄化挑战，加快构建居家社区机构相协调、医养康养相结合的养老服务体系。通过建设更多养老机构、推进医养结合、加强老年人关爱服务等措施，让老年人安享幸福晚年。

住有宜居：坚持房子是用来住的、不是用来炒的定位，加快建立多主体供给、多渠道保障、租购并举的住房制度。通过加大住房保障力度、推进老旧小区改造、提升物业管理水平等措施，改善居民居住条件。

弱有众扶：高度关注弱势群体的生活和发展问题，建立健全社会救助体系、残疾人福利制度和慈善事业体系等。通过提供精准帮扶、加强社会保障兜底功能等措施，确保弱势群体能够共享改革发展成果。

优军服务保障充分：在优军服务保障方面做了大量工作，通过政策制定、标准化建设、创新创业平台搭建、优抚对象关怀与保障以及档案管理与信息化建设等多方面的努力，为退役军人提供了全方位、高质量的服务保障。

文化体育保障充分：在文体服务保障方面通过构建完善的公共文化服务体系、建设高品质的文体设施、打造丰富多彩的文化活动与品牌以及推进数字化建设等多方面的努力，为居民提供了充分、优质的文体服务。

　　综上所述，美好生活中的基本公共服务是实现人民幸福的重要基石。政府应不断完善基本公共服务制度体系，提高基本公共服务的供给水平和质量，让人民群众共享改革发展的成果。

本章参考文献：

［1］王治东. 美好生活研究（第一辑）[M]. 上海：东华大学出版社，2023.

［2］杨金华，赵晶莹. 党的十八大以来国内学界美好生活研究动态述评 [J]. 河南科技学院学报，2022（1）.

［3］时伟. 十八大以来国内学界关于"美好生活"研究综述 [J]. 社会主义研究，2019（3）.

［4］王德劭，王前军. 美好生活视域下居宅的伦理价值探析 [J]. 郑州轻工业大学学报（社会科学版），2024（1）.

［5］胡皓然. 新时代美好生活消费观培育研究——以鲍德里亚符号消费理论批判为视角 [D]. 长春：吉林大学，2023.

［6］李良荣，郑雯. 新时代、新期待：中国人民美好生活观调查报告 [M]. 上海：复旦大学出版社，2019.

第七章　完善"幼有所育"制度建设

"幼有所育"是指让所有0—6岁的适龄儿童得到更好的养育、教育，确保每个孩子都能享有公平而有质量的教育。这一理念强调的是在教育领域不仅要办好义务教育，还要特别关注学前教育、特殊教育等，努力让每个孩子都能得到适当的早期教育。少年儿童是祖国的花朵、民族的希望。幼有所育，让每一名少年儿童都能伴随着时代的脚步茁壮成长，是全社会共同的心愿。

第一节　高度重视"幼有所育"的社会价值

"幼有所育"的价值研究涉及了多个方面，主要包括以下几个核心点：

——关于其政策理论和实践意义。致力于实现"幼有所育"体现了以人民为中心的价值遵循和根本目的，深刻揭示了"幼有所育"的目标、必要性和内容。这一政策不仅关注儿童的健康、道德、创造力和劳动观念的早期发展，而且强调家庭、保教人员队伍建设、育幼资金投入及托幼机构质量提升的重要性。

——关于儿童早期发展的重要性。国际和国内的研究普遍认为，对0—3岁婴幼儿阶段的投入对个人未来的认知和智力发展具有决定性的影响。

这一阶段的投入不仅成本低，而且收益比高，能够很大程度地决定一个人未来的认知和智力水平。

——关于人口政策的转型。随着我国生育政策的连续调整，婴幼儿照护服务、学前教育、儿童福利和家庭教育等四个儿童政策子领域得到了显著发展。

与此同时，发展"幼有所育"的政策意义也非常重要：一是有利于促进儿童身心健康发展，为其一生的发展奠定坚实基础。二是有利于减轻家庭育儿负担，提高家庭生育意愿。三是有利于促进社会公平，缩小城乡、区域之间的教育差距。四是有利于为国家培养德智体美劳全面发展的社会主义建设者和接班人。

综上所述，"幼有所育"的价值不仅在于对儿童早期发展的投资，还在于其对家庭、社会和国家的长远影响。这一政策不仅关注儿童的健康成长，还涉及家庭、社会和政府的共同责任。

第二节　新时代"幼有所育"顺利推进

"幼有所育"作为保障和改善民生的重要内容，关系到千家万户的切身利益，也关系到国家和民族的未来。随着我国经济社会的快速发展和人民生活水平的不断提高，对"幼有所育"的质量和水平提出了更高的要求。

一、幼有所育取得的巨大成就

新时代的"幼有所育"是我国学前教育领域的一个重要议题，旨在为每个孩子提供优质的学前教育。自党的十八大以来，我国在学前教育方面取得了显著进展。以下是一些关键点：

1.学前教育的普及和质量提升。自党的十八大以来，我国的学前教育政策不断出台，形成了完善的学前教育管理体制、办园体制和政策保障体系。据统计，2021 年全国幼儿园数量达 29.5 万所，比 2011 年增加 12.8 万所，增长 76.8%，有力保障了适龄儿童入园需求。全国学前三年毛入园率由 2011 年的 62.3% 提至 2021 年的 88.1%，增长 25.8 个百分点，学前教育实现了基本普及。全国新增的幼儿园，80% 左右集中在中西部地区，60% 左右分布在农村。2011 年到 2021 年间，全国在园幼儿数增加了 1380.8 万人。

2. 政策支持和改革有力。中共中央、国务院发布了《关于学前教育深化改革规范发展的若干意见》，这是新中国成立以来首个以中共中央、国务院名义专门面向学前教育的重要文件，标志着对学前教育的高度重视。文件强调了学前教育的重要性，并提出了推进学前教育普及普惠安全优质发展的重大政策举措。

3. "幼有所育"的愿景美好。新时代的"幼有所育"旨在让每个孩子都能在阳光下健康成长。据统计，2022 年全国出生人口 956 万人。2022 年出生人口中二孩占比为 38.9%，三孩及以上占比为 15.0%，出生人口性别比为 111.1。2022 年全国托育服务机构总数 7.57 万家，提供的托位数 362.4 万个，全国千人口托位数 2.57 个。

4. 学前教育的经济和社会价值凸显。优质的学前教育被视为一种有效的人力资本投入。它不仅能提高就业率、增加国家财政收入，还有助于降低犯罪率和改善公民的健康状况及生活质量。

5. 新时代"幼有所育"的定位不断拓展。新时代的"幼有所育"定位为家庭是婴幼儿最主要的照料主体和中心场域，社会服务是"幼有所育"的必要延伸。政府主导、市场主体、社会补充、社区依托的服务机制正在形成。

6. 财政投入不断加大。据统计，2020 年全国财政性学前教育经费为 2532 亿元，比 2011 年的 416 亿元增长 5 倍，财政性教育经费占比从 2011 年的 2.2% 提高到 2020 年的 5.9%。中央财政支持学前教育发展专项资金 10

年累计投入超过 1700 亿元，为学前教育发展提供了有力保障。

7. 公益普惠性学前教育发展迅速。教育主管部门着力构建以普惠性资源为主体的办园体系。据统计，2021 年全国普惠性幼儿园达到 24.5 万所，占幼儿园总量的 83%。其中公办园 12.8 万所，比 2011 年增长 149.7%。2021 年农村普惠性幼儿园覆盖率达 90.6%，每个乡镇基本都办有一所公办中心园。在全国城市全面开展了城镇小区配套幼儿园的专项治理，共治理 2 万多所幼儿园，增加普惠性学位 416 万个，满足了老百姓在家门口入园的愿望。

总的来说，新时代的"幼有所育"不仅关注学前教育的普及，还重视教育质量的提升，以及如何通过政策支持和改革，更好地满足人民群众对优质学前教育的需求。

二、各地"幼有所育"的生动实践

目前全国各地在"幼有所育"方面都有许多生动实践的典型案例，这些案例充分展示了各地区在学前教育领域的创新与发展。下面，概述几个具有代表性的案例研究：

1. 邹平市积极构建学前教育体系

邹平市作为山东省在学前教育领域的佼佼者，其成功之处在于构建了一个"覆盖城乡、布局合理、公益普惠、安全优质"的县域学前教育服务体系。邹平市通过强化政策保障、提升教师队伍素养、深化课程改革等举措，不仅扩大了优质学前教育资源的覆盖面，还确保了每所幼儿园都能提供高质量的教育服务。例如，他们实施了多期学前教育行动计划，累计投资数亿元，新建、改扩建了多所幼儿园，有效缓解了"入园难"的问题。此外，邹平市还注重家园共育，通过线上报名、家长开放日等渠道，增强了家长与幼儿园之间的联系和互动。

2. 福州市鼓楼区安泰街道于山社区的生动实践

福州市鼓楼区安泰街道于山社区在学前教育方面也有着独特的实践。

他们充分利用社区资源，为孩子们提供了丰富多样的活动。例如，在元宵节期间，孩子们可以亲手制作元宵并递送给社区的老人品尝，这样的活动不仅让孩子们体验了传统节日的乐趣，还培养了他们的感恩之心和敬老之情。此外，社区还定期举办亲子阅读活动、手工制作等，为孩子们创造了一个温馨、和谐的成长环境。

3.上海市江宁路街道社区党群服务中心的"宝宝屋"

上海市江宁路街道社区党群服务中心的"宝宝屋"是一个专门为婴幼儿提供服务的场所。这里不仅有专业的育儿师为孩子们提供看护和早教服务，还设有各种游乐设施和亲子互动区域。家长们可以在这里交流育儿经验、分享育儿心得，形成了良好的育儿氛围。"宝宝屋"的设立不仅解决了年轻父母在育儿方面的困扰，还促进了社区内部的和谐与融合。

4.衡水市托育服务供给能力明显提升

据统计，衡水市目前共有托育机构313家，可提供托位22544个，千人口托位5.4个，提前三年完成"十四五"规划中的建设任务。该市积极推动174个"10分钟"便民托育服务圈建设，打造嵌入式社区托育机构，不断填补托育"空白圈"。通过资金奖补，引导托育机构调整托位比例，满足不同年龄入托需求，力争使两岁以下婴幼儿托位占比达到49%以上，社区托育服务机构覆盖率达到90%以上，将送托时间降低至10分钟左右，就近就便为群众提供更普惠、更安心、更放心的带娃服务。2023年，衡水市入选中央财政支持的普惠托育服务发展示范项目，对在市域内登记备案的所有托育机构入托的符合政策生育的3岁以下婴幼儿，均给予托育机构补贴，充抵托育费用，第一个婴幼儿每人每月300元，第二个500元，第三个800元至1200元。该市还对普惠托育服务机构进行提质升级，给予激励性奖补和减免租金、水电气热优惠政策支持，加强托育服务收费管理，目前备案托位均为普惠托位，普惠率在全省排名第一，托育服务平均价格占居民人均可支配收入的比重降至13.16%以下，全市共发放入托补贴资金760多万元，受益家庭 4600 多个。

5.幼儿园探究生活实践教育的普遍实施

在全国各地，越来越多的幼儿园开始注重探究生活实践教育。它们通过组织孩子们参与真实的生活实践活动，如种植蔬菜、制作食物、参观工厂等，让孩子们在亲身体验中培养观察力、动手能力和解决问题的能力。这种教育方式不仅激发了孩子们的学习兴趣，还促进了他们的全面发展。例如，在某个幼儿园中，老师组织了一次家长和孩子们一起做午餐的活动。孩子们在老师的指导下动手洗菜、搅拌面粉、擀面皮等，体验了做饭的全过程。这样的活动不仅让孩子们培养了做饭的兴趣、学习了做饭的技能，还增强了他们的实践能力和团队合作意识。

综上所述，全国各地在"幼有所育"方面都有着生动实践的典型案例。这些案例不仅展示了各地区在学前教育领域的创新与发展，也为其他地区提供了有益的借鉴和参考。

第三节　国内外"幼有所育"政策的比较

关于国内外"幼有所育"政策的差异，可以从以下几个方面进行对比分析：

一是立足政策目标和侧重点的视角：我国的"幼有所育"政策主要关注婴幼儿照护服务、学前教育、儿童福利和家庭教育等四个领域。政策强调了政府作为儿童政策的重要行动者，同时鼓励社会和家庭共同承担儿童养育的责任。我国的政策注重儿童早期发展的投资，以及家庭、社会和政府的共同责任。而发达国家的幼有所育政策更侧重于儿童早期发展的各个方面，包括认知、情感、社交和身体发展。同时，一些福利国家更强调儿童福利政策的广义定义，即促进儿童身心健康和福祉的所有政策。

二是立足政策执行和监管的视角：我国的政策执行中，存在市场化重视程度不足、供需矛盾难以有效缓解、行业专业化重视不足、专业科学知识普及不足等问题。为解决这些问题，提出了坚持公益性原则、发挥政策引领市场主体作用、加强婴幼儿照护科学知识的宣传和普及等措施。而国外在执行和监管方面，不同国家可能采取不同的策略。例如，一些国家可能更强调政府主导原则，同时考虑需求侧因素，而其他国家可能更注重顶层设计和职业标准的建立。

三是立足于社会和文化背景的视角：我国的政策受到社会经济结构和文化背景的影响，强调家庭、社会和政府在儿童养育中的责任分担。同时，政策也关注到托育服务中的性别动态和平衡工作与家庭的需求。在外国，不同国家的政策受到其社会文化背景的影响，如一些国家可能更注重父亲在婴幼儿成长过程中的抚育角色，或者强调托育服务的性别平等和权力关系。

综上所述，国内外"幼有所育"政策的差异主要体现在政策目标、执行监管和社会文化背景等方面。我国的政策更加注重政府作用和家庭责任，同时关注性别平等和早期发展投资。而发达国家的政策可能更侧重于儿童早期发展的各个方面，以及政府和社会的共同责任。

第四节　联合国及其所属机构关于 "幼有所育"的主要观点

联合国所属的多个机构，如联合国儿童基金会、联合国人口基金等，都关注妇女和儿童权益，涉及包括"幼有所育"问题的主要观点可以从以下几个方面进行归纳：

一是强调儿童权利与福祉。联合国及其相关机构强调，儿童享有包括生存权、发展权、受保护权和参与权在内的各项基本权利。"幼有所育"是实现这些权利的重要基础，确保儿童在生命早期得到良好的照顾和教育。而关注儿童的整体福祉，则包括身体健康、心理健康、社会适应能力和教育机会等。通过提供全面的托育服务，促进儿童全面发展。

二是推动托育服务的普及与质量提升。倡导在全球范围内普及托育服务，确保所有儿童，无论其社会经济背景如何，都能获得高质量的托育服务。强调托育服务的质量至关重要，需要制定和执行严格的标准与规范，以确保托育机构提供安全、健康、富有教育意义的环境和活动。

三是促进性别平等与妇女赋权。必须认识到妇女在托育服务中的重要作用，倡导通过政策支持和社会动员，鼓励更多妇女参与托育服务，同时确保她们在托育服务中享有平等的机会和待遇。支持妇女在托育服务中的领导力和决策权，推动她们在托育服务的设计、实施和管理中发挥积极作用。

四是强调家庭、社区与政府的多方参与。特别强调家庭在儿童成长中的重要作用，倡导家庭为儿童提供温馨、关爱的成长环境。鼓励社区建立支持性环境，为家庭提供必要的资源和帮助，如建立儿童友好型社区、提供家庭育儿指导等。政府应制定和执行相关政策法规，为托育服务提供必要的资金、人力和物力支持，同时加强监管和评估，确保托育服务的质量和效果。

五是关注特殊群体需求。特别关注贫困、残疾、流浪等弱势儿童群体的托育需求，确保他们能够获得特别的关爱和支持。在推动"幼有所育"的过程中，考虑不同文化和传统的影响，确保托育服务能够适应和尊重不同文化背景下的儿童需求。

综上所述，联合国及其相关机构关于"幼有所育"的主要观点体现了对儿童权利的尊重、对托育服务普及与质量提升的重视、对性别平等与妇女赋权的倡导、对家庭社区与政府多方参与的强调以及对特殊群体需求的关注。这些观点为各国制定和实施"幼有所育"政策提供了重要的指导和借鉴。

第五节 关于"幼有所育"政策的展望

一、积极应对有关挑战

近年来，我国出台了一系列政策文件，如《中共中央 国务院关于学前教育深化改革规范发展的若干意见》《国务院办公厅关于促进3岁以下婴幼儿照护服务发展的指导意见》等，为"幼有所育"工作提供了政策指导和保障。目前各地也结合本地实际情况，制定了相应的政策措施，加大对"幼有所育"的投入和支持力度，推动"幼有所育"工作的开展。

新时代我国"幼有所育"在取得巨大成绩的同时，也面临一些挑战：

一是优质资源供给不足。虽然学前教育普及水平有所提高，但优质学前教育资源仍然短缺，特别是在农村和贫困地区。二是婴幼儿照护服务质量参差不齐。部分托育机构存在设施设备简陋、师资力量薄弱、管理不规范等问题，影响了婴幼儿照护服务质量。三是师资队伍建设有待加强。学前教育教师数量不足、待遇偏低、专业素养有待提高等问题仍然存在。四是城乡、区域发展存在不平衡。城乡之间、区域之间学前教育和婴幼儿照护服务发展差距较大，农村和贫困地区的"幼有所育"工作相对滞后。

下一步全面深入推进"幼有所育"发展的基本策略有：

一要加大投入，扩大优质资源供给。根据各地人口变化及经济社会发展实际，合理配置公办幼儿园和托育机构。鼓励社会力量举办普惠性学前教育和托育服务机构，给予政策支持和资金补贴。

二要加强监管，提高婴幼儿照护服务质量。建立健全婴幼儿照护服务标准和规范，加强对托育机构的监督管理。加强师资培训，提高托育服务人员的专业素养和服务能力。

三要加强师资队伍建设。加大学前教育教师培养力度，提高培养质量。提高学前教育教师待遇，改善工作环境，吸引和留住优秀人才。

四要促进城乡、区域均衡发展。加大对农村和贫困地区学前教育和婴幼儿照护服务的支持力度，建立城乡、区域之间的帮扶机制，促进优质资源共享。

总之，新时代"幼有所育"工作取得了显著成就，但仍面临诸多挑战。通过加大投入、加强监管、加强师资队伍建设和促进均衡发展等策略，能够有效推动"幼有所育"事业的高质量发展，满足人民群众对优质学前教育和保育服务的需求，为儿童的健康成长和国家的未来发展奠定坚实基础。

二、持续推动学前教育深化改革规范发展

我国在"幼有所育"方面有不少相关政策文件，其中层级和效力最高的专门文件是2018年11月发布的《中共中央 国务院关于学前教育深化改革规范发展的若干意见》。这是一个管长远的改革性文件。其中的主要内容有：

——关于指导思想：以习近平新时代中国特色社会主义思想为指导，全面贯彻党的十九大精神和党的教育方针，遵循学前教育规律，完善体制机制，健全政策保障体系，推进学前教育普及普惠安全优质发展。

——关于主要目标：到2020年，全国学前三年毛入园率达到85%，普惠性幼儿园覆盖率达到80%；到2020年基本形成以本专科为主体的幼儿园教师培养体系；到2035年，全面普及学前三年教育，建成覆盖城乡、布局合理的学前教育公共服务体系。

——关于优化布局与办园结构：科学规划布局，各地要充分考虑人口变化和城镇化发展趋势，制定应对学前教育需求高峰方案，切实把普惠性幼儿园建设纳入城乡共公共管理和公共服务设施统一规划。调整办园结构，着力构建以普惠性资源为主体的办园体系，大力发展公办园，积极扶持民

办园提供普惠性服务。

——拓宽途径扩大资源供给：实施学前教育专项，重点扩大农村地区、脱贫攻坚地区、新增人口集中地区普惠性资源；积极挖潜扩大增量，利用空置厂房等资源举办公办园，鼓励支持相关单位举办公办园；规范小区配套幼儿园建设使用，做好各环节监督管理，确保其与居民住宅区同步规划、建设、验收、交付使用，并办成公办园或委托办成普惠性民办园；鼓励社会力量办园，政府加大扶持力度，完善相关认定、补助及扶持政策。

——关于健全经费投入长效机制：优化经费投入结构，提高学前教育财政投入和支持水平；健全学前教育成本分担机制，科学核定办园成本，合理确定分担比例，制定并落实相关财政拨款标准或生均公用经费标准，合理确定并动态调整公办园收费标准，加强对民办园收费的价格监管；完善学前教育资助制度，确保困难儿童等得到资助。

——关于大力加强幼儿园教师队伍建设：严格依标配备教职工，严禁"有编不补"等；依法保障教师地位和待遇，确保工资及时足额发放等；完善教师培养体系，办好相关院校和专业，扩大培养规模及公费师范生招生规模等。

三、抓紧落实"十四五"专项规划

《"十四五"公共服务规划》将整个公共服务体系按照基本与非基本进行分类，系统谋划了九个领域的基本和非基本公共服务的发展目标、重点任务和重大举措。其中，基本公共服务是保障全体人民生存和发展基本需要、与经济社会发展水平相适应的公共服务，由政府承担保障供给数量和质量的主要责任，引导市场主体和公益性社会机构补充供给。该规划强调，要明显提高基本公共服务均等化水平，实现目标人群全覆盖、服务全达标、投入有保障，地区、城乡、人群间的基本公共服务供给差距明显缩小。同时，首次将覆盖面更广、服务内容更丰富、需求层次更高的非基本公共服务也纳入规划，提出普惠性发展方向，推动养老托育、普惠性幼儿园等非基本公共服务实现付费可享有、价格可承受、质量有保障、安全有监管。

另外，2023 年 8 月 9 日，国家发展改革委等十部门联合印发的《国家基本公共服务标准（2023 年版）》也涉及"幼有所育"相关内容，明确了"幼有所育"方面的基本公共服务标准。

2023 年 12 月，国家标准委、国家发展改革委、教育部等 18 个部门联合印发的《基本公共服务标准体系建设工程工作方案》提出建立基本公共服务标准体系总体框架，以标准化助力基本公共服务均等化、普惠化、便捷化。该方案对照国家界定的基本公共服务事项清单，进一步对"幼有所育"等九大领域标准化工作作出全面部署。力争到 2027 年，制修订 200 项基本公共服务领域国家标准、行业标准，配套地方标准更加完善有效，创建 80 个基本公共服务标准化试点。

上述这些政策致力于提高优孕优生、儿童健康与关爱等服务质量，解决"入园难""入园贵"等问题，推动学前教育的普及、普惠、优质发展，为幼儿提供更好的教育和成长环境。

党的二十届三中全会明确要求：完善生育支持政策体系和激励机制，加强普惠育幼服务体系建设，支持用人单位办托、社区嵌入式托育、家庭托育点等多种模式发展。这是主动应对当前社会对于高质量育幼服务需求的重要举措。通过完善政策支持、创新服务模式、整合资源、加强培训宣传等措施的实施，可以推动普惠育幼服务事业的健康发展，满足人民群众对于高质量育幼服务的需求。

本章参考文献:

[１]李萌萌，王振宇，高志鹏. 婴幼儿养育成本、"幼有所育"与人口出生率 [J]. 人口与发展，2023（6）.

[２]洪秀敏. 精准供给托幼资源：高质量实现幼有所育的关键 [J]. 教育发展研究，2023（12）.

[３]刘承芳. 从"幼有所育"迈向"幼有优育"，推动农村学前教育高质量发展 [J]. 华中农业大学学报（社会科学版），2024（4）.

[４]洪秀敏，刘友棚."幼有所育"重要论述的理论内涵与实践意蕴 [J]. 北京师范大学学报（社会科学版），2022（2）.

[５]杨菊华. 新时代实现 0 — 3 岁婴幼儿幼有所育的路径 [J]. 中国妇运，2019（4）.

[６]庞丽娟，王红蕾，冀东莹，袁秋红，贺红芳. 有效构建我国 0 — 3 岁婴幼儿教保服务体系的政策思考 [J]. 北京师范大学学报（社会科学版），2019（6）.

第八章 完善"学有所教"制度建设

"学有所教"不仅关系每个孩子的前途，而且决定一个民族的未来。"人才决定未来，教育成就梦想。"党的十八大以来，习近平总书记心系教育事业，一次次寄语激扬青春梦想，一声声问候温暖教育希望。

第一节 再穷不能穷教育

一、"学有所教"的丰富内涵

"学有所教"内涵丰富而深远，体现了党对教育事业的高度重视和对人民群众教育需求的深切关怀。

1. 教育公平与优先发展

"学有所教"首先强调的是教育公平。这意味着要确保每个人都能够平等地享有受教育的机会和权利，不受性别、地域、经济条件等因素的限制。

促进义务教育均衡发展，健全学生资助制度，保障经济困难家庭、进城务工人员子女等弱势群体平等接受义务教育，是实现教育公平的重要举措。

"学有所教"还意味着教育在国家发展和社会进步中应处于优先地位。

党和政府需要不断加大对教育的投入，提升教育质量，培养更多高素质的人才，为国家的繁荣富强提供有力支撑。

2. 教育公益性与普惠性

教育是一项具有公益性质的事业，其目的在于提高全民族的文化素质和道德水平，促进人的全面发展和社会进步。因此，"学有所教"要求各级政府明确提供教育公共服务的职责，确保教育资源的公平分配和有效利用。

"学有所教"还强调教育的普惠性，即要让教育发展的成果惠及全体人民。这要求政府和社会各界共同努力，为不同年龄段、不同学习需求的人群提供多样化的教育服务，满足人民群众日益增长的教育需求。

3. 教育质量与效果

"学有所教"要求全面贯彻党的教育方针，坚持立德树人，培养德智体美劳全面发展的社会主义建设者和接班人。这要求学校和教育工作者注重学生的综合素质培养，关注学生的身心健康和全面发展。

"学有所教"的最终目标是办好人民满意的教育。这要求政府和社会各界共同努力，提高教育质量，优化教育结构，加强教育管理和监督，确保教育事业的健康发展和人民群众教育需求的满足。

4. 终身教育与全民教育

"学有所教"还强调构建终身教育体系，让每个人在人生的各个阶段都能够接受适合自己的教育。这要求政府和社会各界共同努力，为不同年龄、不同职业、不同学习需求的人群提供多样化的教育资源和服务。

"学有所教"的最终目标是实现全民教育，即让每个人都能够享有受教育的机会和权利。这要求政府和社会各界共同努力，消除教育不公平现象，提高教育普及率，推动教育事业的全面发展和进步。

综上所述，"学有所教"的内涵包括教育公平与优先发展、教育公益性与普惠性、教育质量与效果以及终身教育与全民教育等多个方面。这些方面相互关联、相互促进，共同构成了"学有所教"的完整内涵和丰富意蕴。

二、党和政府一直高度重视"学有所教"

新时代以来，党和政府一直高度重视"学有所教"，将其视为基本公共服务制度体系的重要组成部分，并采取了多项措施来推动教育事业的发展，确保人民群众享有公平而有质量的教育。以下是对这一问题的详细阐述：

1. 注重政策引领与战略部署

党的二十大报告强调，"教育、科技、人才是全面建设社会主义现代化国家的基础性、战略性支撑。必须坚持科技是第一生产力、人才是第一资源、创新是第一动力"。党中央明确提出坚持教育优先发展、科技自立自强、人才引领驱动，加快建设教育强国、科技强国、人才强国，坚持为党育人、为国育才，全面提高人才自主培养质量，着力造就拔尖创新人才。党中央、国务院制定出台了一系列教育政策和规划文件，如《中国教育现代化 2035》《关于深化教育教学改革全面提高义务教育质量的意见》等，为教育事业的发展提供了政策保障和规划引领。

2. 注重教育公平与质量提升

我国一直致力于缩小城乡、区域、学校、群体之间的教育差距，推动义务教育优质均衡发展和城乡一体化。

通过实施"全面改薄"、乡村教师支持计划等项目，改善农村和边远地区学校办学条件，提高教师素质，保障农村学生享有公平而有质量的教育。深化教育教学改革，创新人才培养模式，加强素质教育，促进学生德智体美劳全面发展。推动信息技术与教育教学深度融合，发展"互联网＋教育"，扩大优质教育资源覆盖面。

3. 注重教育资源投入与保障

党和政府持续加大教育投入力度，确保财政性教育经费支出占国内生产总值比例不低于4%。优化教育经费支出结构，重点支持义务教育、职业教育和学前教育等薄弱环节。

加强学校基础设施建设，改善学校办学条件，特别是农村和边远地区学校的校舍、教学设备等硬件设施。推进教育信息化建设，提升学校信息化水平，为师生提供优质的教学和学习环境。

4. 教师队伍建设与发展

强调教师职业道德建设，引导广大教师做"四有"好老师，即有理想信念、有道德情操、有扎实学识、有仁爱之心。实施教师全员培训制度，提高教师专业素养和教育教学能力。

加强乡村教师队伍建设，通过定向培养、在职培训等方式提高乡村教师素质。

5. 社会参与与监督

鼓励和支持社会力量参与教育事业发展，推动教育供给多元化。建立健全教育捐赠制度和社会监督机制，保障教育事业的健康发展。建立健全教育督导评估体系，加强对各级各类学校和教育机构的监督评估。公开透明教育信息，接受社会监督，确保教育政策的有效实施和教育资源的合理分配。

综上所述，新时代以来我国高度重视"学有所教"，通过政策引领、战略部署、教育公平与质量提升、教育资源投入与保障、教师队伍建设与发展以及社会参与与监督等多方面的努力，推动教育事业不断向前发展。

第二节 新时代"学有所教"成绩巨大

新时代以来，我国在"学有所教"方面取得了巨大的成就，这些成就体现在教育普及程度、教育质量、教育公平、教育体系完善以及教育信息化等多个方面。

一、"学有所教"的成就要点

1. 教育普及程度显著提高

一是九年义务教育巩固率提升。以 2021 年为例，我国九年义务教育巩固率达到了 95.4%，比十年前提高 3.6 个百分点，确保了适龄儿童接受义务教育的权利得到保障。二是学前教育与高中阶段教育普及。学前教育毛入园率和高中阶段教育毛入学率分别达到 88.1% 和 91.4%，比十年前分别提高 23.6 个百分点和 6.4 个百分点，实现了历史性跨越，使得更多儿童能够接受学前教育，更多青少年能够完成高中阶段教育。三是高等教育进入普及化阶段。高等教育毛入学率达到 57.8%，比十年前提高 27.8 个百分点，标志着我国高等教育已经从精英化阶段进入了普及化阶段，为更多人提供了接受高等教育的机会。

2. 教育质量不断提升

一是高等教育内涵式发展。国家加大对高等教育的投入，优化高等教育结构，推动高等教育从规模扩张向内涵式发展转变，人才培养质量显著提升。二是职业教育体系完善。系统构建了从中职、高职、本科到硕士、博士的职业教育体系，为各行各业培养了大批高素质技能型人才。三是教育评价体系改革。通过深化教育评价、考试招生等改革，推动教育评价更加科学、公正，促进了教育质量的提升。

3. 教育公平性得到加强

一是城乡教育差距缩小。通过实施义务教育均衡发展、城乡一体化教育、农村教育振兴等措施，有效缩小了城乡、区域、贫富之间的教育差距。二是学生资助政策完善。通过建立健全学生资助政策体系，实现了从学前教育到研究生教育的全覆盖，保障了经济困难家庭子女平等接受教育的权利。

4.教育体系不断完善

一是着力构建终身教育体系。积极推动构建终身教育体系，为不同年龄、不同职业、不同学习需求的人群提供多样化的教育资源和服务，满足人民群众日益增长的教育需求。二是努力提高教育信息化水平。积极推进教育信息化，建设了一批数字化教育资源公共服务平台，为各级各类学校提供了丰富的教学资源，提高了教学效率和质量。

5.教育国际交流与合作加强

一是注重建立广泛的合作机制。我国积极推进教育国际交流与合作，与世界各国建立了广泛的双边、多边教育合作与交流机制，提升了我国教育的国际影响力。二是注重引进优质教育资源。通过引进国外优质教育资源、合作办学等方式，提高了我国教育的国际化水平，为学生提供了更多元化的学习机会。

综上所述，新时代以来我国在"学有所教"方面取得了巨大的成就，这些成就不仅体现在教育普及程度、教育质量、教育公平等方面，还体现在教育体系的完善和教育国际交流与合作的加强上。这些成就为我国经济社会发展提供了有力的人才保障和支持，也为我国建设教育强国奠定了坚实的基础。

二、"学有所教"的典型案例

下面我们从多个角度和领域，选取有代表性的"学有所教"生动实践的典型案例进行简要介绍。

1.北京市高校思政课改革创新

北京市将思政课建设作为党建和意识形态工作的标志性工程，推动思政课改革创新，将"接诉即办""回天行动"等京华大地的生动实践融入思政课堂，提高思政课吸引力。目前思政课越来越接地气，成为青年学生追捧的"香饽饽"。教师们通过集体备课、现场观摩学习等方式，将习近平新时代中国特色社会主义思想主动融入教学中，提升了思政课质量。

2.辽宁轨道交通职业学院产教融合创新

辽宁轨道交通职业学院加快构建市域产教联合体和行业产教融合共同体，率先推进混合所有制产业学院建设，与沈阳经济技术开发区共同打造高端装备制造产教联合体，与华晨宝马汽车有限公司、大连理工大学共同牵头成立辽宁省汽车产业链产教融合共同体。培养了大量高素质技术技能人才、能工巧匠、大国工匠，推进了"三天在企业，两天在学校"的工学交替模式的本土化双元制职业教育改革。同时，学院与沈阳中德园中德学院共同申报并获批了辽宁省汽车工程产业产教融合实训基地，并获得省级财政经费支持。

3.楚雄技师学院彝族刺绣工艺进校园

面对彝族刺绣从业人才出现断层的现象，楚雄技师学院以高度的社会责任感，将彝族刺绣工艺非遗传承引进校园，成立刺绣大师工作室，申报民族服装与饰品专业和彝族刺绣专项技能鉴定，创新人才培养模式。学生们不仅学到了传统技艺，还培养了审美能力、专注力和耐心，增强了文化认同感和自豪感。学院还积极开展对外培训和彝族刺绣专项技能鉴定活动，推动了彝族刺绣产业的现代化转型。

4.江苏省南京市特殊学能学生个性化发展

江苏省南京市教学研究室通过分类发展策略，助力特殊学能学生个性化发展，提供"梦想教室"等支持措施。这一举措促进了特殊学能学生的全面发展，提高了他们的学习能力和自信心。

上述这些案例展示了全国各地在"学有所教"方面的生动实践。这些实践不仅促进了教育与产业的深度融合、非遗文化的传承与发展，还推动了思政教育与地方实践的紧密结合以及教育公平与特殊群体关爱。这些典型案例为全国其他地区提供了宝贵的经验和启示。

第三节　国内外"学有所教"的比较研究

国内外在"学有所教"方面存在一定的不同，主要体现在教育理念、教育资源配置、教育质量、教育公平以及教育国际化等方面。

一是在教育理念范畴：国内看重应试教育，注重学生的考试成绩和升学率。教学过程中，教师往往占据主导地位，学生被动接受知识。培养学生的目标多聚焦于基础知识掌握和应试能力提升。发达国家注重学生的全面发展，强调素质教育和个性化教育。鼓励学生主动探索、实践和创新，培养学生的批判性思维和解决问题的能力。教学过程中，学生占据主体地位，教师更多地扮演引导者和辅助者的角色。

二是在教育资源配置的范畴：国内教育资源在地区、城乡和学校之间存在较大差异。东部和城市地区的教育资源相对丰富，而中西部和农村地区的教育资源相对匮乏。优质教育资源往往集中在少数名校，导致择校现象严重。发达国家教育资源相对均衡，通过立法和政策支持，保障教育资源的相对公平分配。鼓励学校之间的竞争与合作，提高整体教育质量。

三是在教育质量的范畴：国内教育质量名校与普通学校之间的差距较大。教学质量和效果受到多种因素的影响，如师资力量、教学设施、学生素质等。近年来，国家加大了对教育质量的投入和监管力度，但提升教育质量仍是一个长期的过程。发达国家教育质量普遍较高，且学校之间的差距相对较小。政府和社会各界对教育质量有着严格的监管和评估机制。

四是在教育公平的范畴：国内教育公平问题依然突出，特别是城乡和地区之间的教育差距。弱势群体如农村学生、贫困家庭学生等在接受教育方面面临诸多困难。政府和社会各界正在采取措施努力缩小教育差距，但任务依然艰巨。发达国家教育通过立法和政策支持，保障弱势群体的教育权益，实施多元化的教育政策和项目，满足不同学生的需求。

五是在教育国际化的范畴：近年来，我国教育国际化程度不断提高，越来越多的学生选择出国留学或参与国际交流项目。国际学校和国际课程逐渐增多，为学生提供了更多的选择。但与国际先进水平相比，我国教育国际化水平仍有待提高。发达国家教育国际化程度较高，许多国家都拥有世界一流的大学和教育机构。国际学生和国际教师比例较高，促进了文化的多样性和交流的广泛性。实施国际化的教育政策和课程体系，培养学生的全球视野和跨文化交流能力。

综上所述，国内外在"学有所教"方面存在一定的不同。我国需要继续深化教育改革、加大教育投入、优化教育资源配置、提高教育质量和促进教育公平，同时加强与国际教育界的交流与合作。

第四节　联合国教科文组织关于"学有所教"的主要观点

联合国教科文组织（UNESCO）关于"学有所教"的主要观点研究，可以从其教育理念、政策导向以及具体行动等多个方面来阐述。

一是关于教育理念。联合国教科文组织强调教育是一项基本人权，这一观点源于《世界人权宣言》第 26 条，该条款明确规定了人人享有受教育的权利。联合国教科文组织致力于推动全球范围内教育权利的普及和保障，确保每个人无论年龄、性别、种族、经济状况或其他条件，都能获得教育机会。倡导终身教育理念，认为教育不应仅限于学校阶段，而应贯穿于人的一生。这一理念在其《共同重新构想我们的未来：一种新的教育社会契约》报告中得到了明确体现，报告将"终身接受优质教育的权利"视为构建新的社会契约的两大基本原则之一。强调教育公平与质量的并重性，认为教育不仅要普及，还要保证质量。通过提供优质的教育资源、改善教学条件、提升教师素质等措施，促进教育公平与质量的共同提升。

二是关于政策导向。联合国教科文组织鼓励各国政府根据本国实际情况，制定符合本国发展需求的教育政策。同时，通过国际交流与合作，分享成功的教育政策经验，推动全球教育政策的创新与发展。重视教育监测与评估工作，通过建立和完善教育监测与评估体系，对全球及各国教育发展状况进行定期监测和评估。这有助于及时发现问题、总结经验教训，为政策制定提供科学依据。

三是关于具体行动。联合国教科文组织通过提供资金、技术、人力等方面的支持，帮助发展中国家和地区改善教育条件、提高教育质量。这些项目涵盖了基础教育、职业教育、高等教育等多个领域。积极推动各国之间的教育合作与交流，通过举办国际会议、研讨会等活动，促进教育理念的传播和教育经验的分享。同时，通过与国际组织、非政府组织等机构的合作，共同推动全球教育事业的发展。特别关注女性、儿童、残疾人等特殊群体的教育问题。通过制定专门的政策、实施特定的项目等措施，努力消除教育领域的性别歧视、年龄歧视和残疾歧视等问题，确保每个人都能平等地接受教育。

综上所述，联合国教科文组织关于"学有所教"的主要观点体现在教育理念、政策导向和具体行动等多个方面。这些观点不仅体现了联合国教科文组织对全球教育事业的深刻洞察和前瞻性思考，也为全球教育事业的发展提供了重要的指导和支持。

第五节　关于"学有所教"政策的展望

一、积极应对各种挑战

我国学有所教在取得巨大成绩的同时，也面临一些问题：

一是教育资源分配不均。农村地区教育资源相对匮乏，包括师资力量、教学设施等，导致农村学生难以享受到高质量的教育。不同地区间的经济发展水平不同，教育资源投入也存在差异，使得部分地区的学生在起跑线上就处于劣势。二是教育内容与方法滞后。部分课程内容陈旧，未能与时俱进，无法满足现代社会对人才的需求。传统的教学方式仍占主导地位，缺乏创新性和互动性，难以激发学生的学习兴趣和创造力。三是教师素质与能力参差不齐。部分教师缺乏系统的学科知识和教学技能，难以满足学生的多样化需求。一些教师仍采用填鸭式教学，忽视学生的主体性和创造性。四是教育评估体系单一。当前的教育评估体系主要依赖于考试成绩，忽视了对学生综合素质和能力的评价。评估结果未能有效反馈到教学过程中，导致教学改进缺乏针对性和实效性。五是教育公平问题依然存在。部分经济困难家庭的学生难以承担高昂的教育费用，导致他们无法接受良好的教育。如残疾儿童、留守儿童等特殊群体的教育需求未得到充分满足。

下一步全面深入推进学有所教发展的基本对策是：

一要优化教育资源配置。政府应加大对教育事业的投入，特别是对农村和欠发达地区的支持力度。合理规划教育资源的布局，促进城乡、区域之间的教育资源均衡分布。二要改革教育内容与方法。及时根据时代发展和社会需求更新课程内容，确保学生学到的是有用的知识和技能。普遍推广启发式、探究式等教学方法，激发学生的学习兴趣和创造力。三要提升教师素质与能力。定期对教师进行专业培训和教学技能提升培训，提高他们的学科素养和教学能力。积极引导教师树立以学生为中心的教学理念，关注学生的个体差异和全面发展。四要完善教育评估体系。建立多元化的教育评估体系，除了考试成绩外还应包括学生的综合素质和能力评价。确保评估结果能够及时反馈到教学过程中并用于指导教学改进。五要促进教育公平。制定和完善教育资助政策特别是针对经济困难家庭和特殊群体的资助政策确保他们能够接受良好的教育。进一步加强特殊教育资源的投入和特殊教育教师的培养确保残疾儿童等特殊群体能够得到适当的教育和关怀。

综上所述，当前"学有所教"存在的问题是多方面的，需要政府、学校、教师和社会各界共同努力，通过优化教育资源配置、改革教育内容与方法、提升教师素质与能力、完善教育评估体系以及促进教育公平等措施，来推动教育事业的持续健康发展。

二、落实好当前"学有所教"的重大政策

一方面，在实施任何教育政策时，都应充分考虑学生的实际情况和利益诉求，确保政策的科学性和合理性；另一方面，家长和社会各界也应积极参与和支持教育政策的实施与推广工作，共同推动我国教育事业的发展进步。

近期在"学有所教"方面出台的重大政策，主要涉及以下几个方面：

一是"双减"政策的深化与拓展。"双减"政策的实施，旨在减轻学生过重的作业负担和校外培训负担，促进学生全面发展、健康成长。

二是基础教育扩优提质行动。为进一步提升我国基础教育质量，促进教育公平，政府提出了基础教育扩优提质行动。该行动旨在通过优化资源配置、改善办学条件、提高师资水平等措施，全面提升基础教育整体水平。

具体政策措施包括：进一步加大对农村和边远地区基础教育的投入力度，改善这些地区学校的办学条件和教学设施。通过加强教师队伍建设，提高教师的专业素养和教学能力。通过培训、考核等方式激励教师不断提升自我水平。深化课程改革和教学方法创新，注重培养学生的创新精神和实践能力。推动信息技术与教育教学深度融合，提高教学效率和质量。

三是其他相关政策。如加强职业教育和继续教育发展、推动高等教育综合改革等。这些政策旨在构建更加完善的教育体系，满足不同人群的学习需求和发展需求。

第六节　加快建设高质量教育体系

党的二十届三中全会要求：加快建设高质量教育体系，统筹推进育人方式、办学模式、管理体制、保障机制改革。这是当前教育领域改革的重要任务。学习贯彻党的二十届三中全会精神，把握这一重要要求，结合有关学习研究，可以从以下方面着手：

一、关于育人方式改革

一要完善立德树人机制。深入贯彻习近平新时代中国特色社会主义思想，将立德树人作为教育的根本任务。推进大中小学思政课一体化改革创新，不断提高思政课的针对性和感染力。健全德智体美劳全面培养体系，促进学生全面发展。二要注重核心素养培养。强调学生综合素质的提升，不仅注重知识传授，更重视能力培养和品格塑造。引入前沿科技知识，推动学生了解最新科技发展动态，培养创新思维和实践能力。三要实施个性化教学。根据学生特点制订个性化学习计划，提供个性化辅导服务。推广跨学科协作，促进不同学科之间的交叉融合，拓展学生对多领域知识的理解。

二、关于办学模式改革

一要优化高等教育布局。加快建设中国特色、世界一流的大学和优势学科，提升高等教育整体实力。分类推进高校改革，建立科技发展、国家战略需求牵引的学科设置调整机制和人才培养模式。二要支持多元办学模式。鼓励用人单位办托、社区嵌入式托育、家庭托育点等多种模式发展，满足不同群体的需求。推动职业教育与普通教育融通发展，构建职普融通、产教融合的职业教育体系。三要加强国际交流合作。推进高水平教育开放，鼓励国外高水平理工类大学来华合作办学。加强与国际教育机构的合作与交流，提升我国教育的国际影响力。

三、关于管理体制改革

一要完善监管评估机制。建立健全监管评估机制，对各类教育机构进行定期检查和评估。加强对教育质量的监测和反馈，确保教育服务的质量和效果。二要推进教育治理现代化。运用现代信息技术手段提升教育治理能力，推动教育治理体系和治理能力现代化。加强教育数据的收集和分析，为教育决策提供科学依据。三要引导规范民办教育发展。制定相关政策引导民办教育规范发展，保障其办学质量和教育公平。加强对民办教育机构的监管和管理，确保其依法依规办学。

四、关于保障机制改革

一要加大财政投入。各级政府应加大对教育事业的财政投入力度，确保教育资源的充分供给。鼓励社会资本投入教育领域，形成多元化的投入机制。二要完善政策支持。出台一系列扶持政策如税收优惠、财政补贴等，降低教育机构的运营成本提高其运营活力。支持教育机构进行创新和改革，探索新的教育模式和教学方法。三要加强师资队伍建设。提高教师的专业水平和教育教学能力，倡导教师专业化发展。改善教师的薪酬福利待遇，激励教师的工作热情和责任感。

综上所述，加快建设高质量教育体系需要从育人方式、办学模式、管理体制和保障机制等多个方面入手，进行统筹推进和深化改革。

本章参考文献：

［1］殷玉新，楚婷."学有所教"到"学有优教"："惠及全民"公平教育的十年成绩 [J]. 海南师范大学学报（社会科学版），2021（4）.

［2］蔡昉. 按照更高要求推进学有所教 [J]. 劳动经济研究，2017（6）.

［3］张明芳. 学有所教，让公平优质的教育惠及于民 [N]. 中国妇女报，2022-10-13（1）.

［4］武红利. 实现更高水平"幼有所育、学有所教"[N]. 北京日报，2022-03-06（3）.

［5］张力. 学有所教、学有所成、学有所用——十三亿中国人的教育梦 [J]. 教育研究，2013（4）.

［6］余凡."学有所教"目标下苏州终身学习数字化平台建设应用现状研究 [J]. 中国职业技术教育，2018（17）.

［7］王湛. 从学有所教到学有优教：坚定地推进素质教育 [J]. 中国教育学刊，2012（1）.

［8］张华，李明."学有所教"视角下的农村教育资源配置优化研究 [J]. 教育研究，2023（4）.

［9］王丽，赵强. 教育公平政策实施效果评估——基于某省农村地区的实证分析 [J]. 教育发展研究，2022（3）.

［10］马若虎. 学有所教：从"有学上"到"上好学"[N/OL].（2019-08-07）[2024-07-28]. http://m. toutiao. com/group/6722214998531129870/？upstream_biz=doubao.

［11］新华社. 带着梦想，飞得更高更远——习近平总书记牵挂的民生事之"学有所教"篇 [N/OL].（2019-08-07）[2024-07-21]. http://m.toutiao.com/group/6722335951617524237/?upstream_biz=doubao.

［12］魏捷. 从"学有所教"到"学有优教"[N/OL].（2023-03-27）[2024-07-
21]. http://www.sx-dj.gov.cn/jcdj/kjww/1661285935963496450.html.

［13］王家源. 夯实千秋基业　聚力学有所教——新中国70年基础教育改革发展历
程 [N/OL].（2019-09-26）[2024-07-21]. http://www. jyb. cn/rmtzgjyb/201909/
t20190926_263805.html.

第九章 完善"劳有所得"制度建设

"劳有所得"是一个具有深刻内涵的概念，它体现了劳动者在付出劳动后应得到的合理回报和权益保障。

第一节 党和政府历来高度重视"劳有所得"

一、什么是"劳有所得"

"劳有所得"直接的意思是，劳动者通过付出劳动，能够获得相应的报酬或收入。这是从经济学角度对劳动力价值的直接体现，也是社会公平和正义的重要体现。

"劳有所得"的具体内涵主要包括：一是劳动与报酬的对等性。劳动者通过辛勤劳动，应获得与其劳动量、劳动质量相匹配的报酬。这种对等性不仅体现在数量上，还体现在报酬的合法性和合理性上。二是权益保障。"劳有所得"还意味着劳动者的各项权益得到有效保障。这包括工作时间的合理安排、休息休假的权利、社会保险的覆盖、劳动安全的保障等。只有当这些权益得到切实保障时，劳动者才能真正实现"劳有所得"。三是公平与效率的结合。"劳有所得"还体现了公平与效率的结合。一方面，它要求社会为劳动者提供公平的竞争环境和机会；另一方面，它也鼓励劳动者通过提高技能、增加劳动量等方式来提高自己的收入水平。这种结合有助于促进社会的和谐稳定和可持续发展。

"劳有所得"的实践意义在于，它不仅能够激发劳动者的积极性和创造性，推动社会经济的发展；还能够增强劳动者的获得感和幸福感，促进社会的和谐稳定。因此，各级政府和社会各界应共同努力，为劳动者创造更加公平、合理、有保障的就业环境，让每一位劳动者都能实现"劳有所得"。

综上所述，"劳有所得"是一个具有丰富内涵和重要意义的概念。它体现了劳动者在付出劳动后应得到的合理回报和权益保障，也是社会公平和正义的重要体现。

二、党和政府高度重视"劳有所得"

党和政府一直高度重视"劳有所得"，这体现在多个方面，包括政策制定、就业促进、劳动者权益保障以及社会保障体系的完善等。

一是在政策制定方面。通过制定和实施一系列政策，确保劳动者在付出劳动后能够得到合理的报酬和权益。例如，加强就业服务体系建设，提供就业咨询、职业介绍、技能培训等全方位服务。通过完善薪酬制度，确保劳动者的劳动报酬与其劳动量、劳动质量相匹配。积极推动企业建立合理的工资增长机制，保障劳动者的收入水平。加强劳动法律法规的制定和执行，保障劳动者在工作时间、休息休假、社会保险等方面的权益。

二是在就业促进方面。提高劳动者的技能水平和就业竞争力，促进劳动者实现高质量就业。加大对职业技能培训的投入，推动校企合作、产教融合，培养符合市场需求的高素质技能人才。提供创业贷款、创业补贴、创业培训等支持政策，降低创业门槛和成本，鼓励劳动者自主创业。同时，打造创业孵化平台，为创业者提供场地、资金、指导等全方位支持。加强就业服务体系建设，提供便捷高效的就业服务。推广网络招聘、远程面试等新型招聘方式，提高招聘效率和匹配度。同时，加强公共就业服务机构的建设和管理，提高服务质量和水平。

三是在劳动者权益保障方面。提高劳动者对劳动法律法规的认识和了解，增强自我保护意识。提高争议解决效率，维护劳动者合法权益。加强劳动争议调解仲裁机构的建设和管理，完善调解仲裁程序，确保劳动争议得到及时、公正、有效的解决。确保企业遵守劳动法律法规，保障劳动者合法权益。加强劳动监察队伍建设和管理，提高监察执法水平和效率。同时，加强对重点行业和企业的监督检查力度，及时发现和纠正违法行为。

四是在社会保障体系完善方面。健全社会保险制度，其中包括养老保险、医疗保险、失业保险等制度，确保劳动者在失业、工伤等情况下得到及时救助。加强社会保险基金监管工作，确保基金安全有效运行。为困难劳动者提供最低生活保障、医疗救助等帮助。加强社会救助体系建设和管理工作，确保救助工作及时、公正、有效。

综上所述，党和政府一直高度重视"劳有所得"工作，通过制定和实施一系列政策、措施和制度来保障劳动者的合法权益和收入水平。这些努力不仅有助于激发劳动者的积极性和创造性，推动社会经济的发展，还有助于增强劳动者的获得感和幸福感，促进社会的和谐稳定。

第二节　新时代"劳有所得"取得的巨大成就

新时代"劳有所得"取得的成就是多方面的，这些成就不仅体现在劳动者收入水平的提升上，还反映在劳动者权益保障、就业渠道拓展、职业技能提升以及社会保障体系的完善等多个方面。

一表现为劳动者收入水平显著提升。近年来，全国居民人均可支配收入持续增长。据统计，2021 年全国居民人均可支配收入达 35128 元，比 2012 年增加 18618 元，年均实际增长 6.6%，与经济增长基本同步。这表明劳动者的劳动成果得到了更加充分的体现，生活水平显著提高。与此同时，劳动者的工资性收入也呈现稳步增长态势。2022 年全国居民人均工资性收入同比增长 4.9%，进一步增强了劳动者的获得感和幸福感。

二表现为劳动者权益保障更加有力。党和政府加强劳动法律法规的制定和执行，为劳动者权益保障提供了坚实的法律基础。同时，加强劳动监察力度，严肃查处各类侵害劳动者权益的违法行为，确保劳动者权益得到有效维护。劳动争议调解仲裁体系不断完善，劳动争议调解成功率、仲裁结案率均保持在较高水平。这有助于及时、公正、有效地解决劳动争议，维护劳动者的合法权益。

三表现为就业渠道不断拓展。出台了一系列稳就业措施，加强重点群体和地区就业帮扶，促进劳动者实现就业。同时，加强公共就业服务体系建设，提供便捷高效的就业服务，为劳动者创造更多就业机会。随着互联网、大数据等新技术的发展，新业态新就业群体迅速壮大。政府积极支持这些新兴行业的发展，为劳动者提供更多灵活就业的机会和平台。

四表现为职业技能提升明显。加大对职业技能培训的投入力度，推动校企合作、产教融合，培养符合市场需求的高素质技能人才。同时，开展各类职业技能竞赛和评选活动，激发劳动者学习技能的热情和动力。在新时代背景下，数字技能人才成为市场需求的热点。实施数字高技能人才倍增行动，加强数字技能培训和应用推广，为劳动者提供更多掌握数字技能的机会和平台。

五表现为社会保障体系更加完善。不断完善社会保险制度，包括养老保险、医疗保险、失业保险等制度。这些制度为劳动者提供了基本的生活保障和风险防范机制。加强社会救助体系建设和管理工作，为困难劳动者提供最低生活保障、医疗救助等帮助。这有助于缓解劳动者的生活压力和提高他们的生活质量。

综上所述，新时代"劳有所得"取得的成就是多方面的、显著的。这些成就不仅体现了党和政府对劳动者权益的高度重视和关心关爱，也反映了我国经济社会发展的巨大成就和进步。

二、各地"劳有所得"的典型案例

全国各地"劳有所得"的典型案例研究可以从多个维度进行归纳和总结，以下是根据公开发布的信息整理的一些典型案例。

1. 柏某与某公司劳动争议案

案情涉及约定工资与实发工资不一致时，法院遵循有利于劳动者的原则进行判决。判决体现了司法实践中对劳动者权益的倾斜保护，确保劳动者能够获得应得的劳动报酬。

2. 中关村通州园企业获奖案例

罗克佳华科技集团股份有限公司荣获全国五一劳动奖状，神舟绿鹏农业科技有限公司研发中心主任、农艺师晏武荣获全国五一劳动奖章。这些荣誉不仅是对企业和个人的肯定，也激励了更多企业和个人在科技创新和现代农业领域贡献力量，为劳动者提供更多就业机会和职业发展平台。

3. 社会保险制度实施案例

各地积极推进社会保险制度的实施和完善，确保劳动者在失业、工伤等情况下能够得到及时救助。这些案例虽然具体细节可能因地区而异，但总体上都体现了社会保障体系在保障劳动者基本生活方面的重要作用。

4. 新业态劳动者权益保障案例

随着新业态的兴起，网约车司机、外卖骑手等灵活就业群体的权益保障问题日益受到关注。各地积极探索新业态劳动者的权益保障模式，如上海、浙江等地出台的相关政策和指导意见。

5. 农民工工资支付保障案例

各地加强对农民工工资支付的监管和保障力度，如设立农民工工资保证金制度、加强劳动监察执法等。一些地区还通过典型案例的发布和宣传，提高用人单位和劳动者的法律意识与维权意识。

综上所述，全国各地在"劳有所得"方面取得了显著成就和典型案例。这些案例不仅体现了党和政府对劳动者权益的高度重视和关心关爱，也反映了我国经济社会发展的巨大成就和进步。未来，我国应继续加强劳动者权益保障工作，推动就业促进与职业技能提升，完善社会保障体系，健全劳动争议解决机制，为实现全体人民共同富裕的目标而努力。

第三节　国内外"劳有所得"的比较研究

国内外"劳有所得"的比较研究是一个复杂而多维度的议题，涉及经济发展水平、劳动力市场供求关系、行业特点、社会保障制度以及生活成本等多个方面。

一是基于经济发展水平与劳动力市场供求关系的视域：发达国家通常拥有较高的经济发展水平，劳动力市场供求关系相对平衡，劳动力成本较高。这使得发达国家的劳动者能够享受到较高的工资水平和更好的福利待遇。包括我国在内的许多发展中国家这方面整体上与发达国家相比仍有差距。劳动力市场供求关系可能受到产业结构、生产效率等因素的制约，导致部分劳动者工资水平相对较低。

二是基于行业特点与工资水平视域。发达国家的高薪行业如金融、科技、医疗保健和互联网等发展成熟，这些行业的劳动者往往能够获得较高的薪资和福利待遇。同时，发达国家对劳动者的技能水平和专业素质要求较高，这也推动了整体工资水平的提升。我国作为发展中国家，虽然在高科技和新兴产业方面取得了一定进展，但整体上仍以传统行业如制造业、建筑业为主。这些行业的工资水平相对较低，且受国际市场竞争和原材料价格波动等因素影响较大。

三是基于社会保障制度与福利待遇的视域：发达国家通常拥有较为完善的社会保障制度，包括养老保险、医疗保险、失业保险等。这些制度为劳动者提供了全面的保障，减轻了他们在养老、医疗等方面的后顾之忧。此外，发达国家还注重提高劳动者的福利待遇，如带薪休假、节日福利等。我国社会保障制度尚不完善，覆盖范围和保障水平有限。

四是基于生活成本与消费水平视域：发达国家由于经济发展水平较高，生活成本也相对较高。但与此同时，劳动者的薪资水平也较高，能够支撑较高的消费水平。此外，发达国家还注重提高劳动者的生活质量，如加强公共设施建设、提高教育医疗水平等。而我国虽然生活成本相对较低，但劳动者的薪资水平也较低。这在一定程度上限制了消费者的购买力和消费水平。

总之，国内外"劳有所得"差距的存在是多种因素共同作用的结果。为了缩小这一差距，我国需要继续加强经济发展、提高劳动生产率、完善社会保障制度、加强职业技能培训等方面的工作。同时，也需要加强国际合作与交流，借鉴发达国家的成功经验和做法，共同推动全球劳动市场的健康发展。

第四节　国际劳工组织关于"劳有所得"的主要观点

国际劳工组织（International Labour Organization，ILO）关于"劳有所得"的主要观点，可以从其宗旨、国际劳工标准以及具体行动和倡议等多个方面来阐述。

一是基于宗旨与原则。国际劳工组织成立的初衷之一是促进劳动者的权益，包括获得合理报酬的权利。其宗旨包括促进充分就业和提高生活水平，这直接关联到劳动者能否通过劳动获得应有的收入。国际劳工组织强调，"劳有所得"不仅是劳动者个人的基本权利，也是社会稳定和经济发展的重要基石。二是基于国际劳工标准。国际劳工组织通过制定国际劳工标准，为各国在保障劳动者获得合理报酬方面提供了指导和规范。国际劳工组织制定了一系列公约和建议书，旨在确保劳动者能够获得公平、合理的工资和收入。这些标准强调工资水平应与经济发展水平、生活成本以及劳动者的贡献相匹配。三是基于就业政策与就业促进。国际劳工组织倡导制定和实施积极的就业政策，以促进充分就业和提高就业质量。这包括为劳动者提供职业培训、就业指导等支持，以提高他们的就业能力和收入水平。四是基于社会保障。国际劳工组织认为，社会保障体系是保障劳动者在失业、疾病、年老等情况下获得基本生活保障的重要手段。通过建立和完善社会保障制度，可以确保劳动者在面临风险时仍然能够维持一定的生活水平。

为了推动各国实现"劳有所得"的目标，国际劳工组织采取了以下具体行动和倡议：

一要聚焦技术援助与合作。国际劳工组织向成员国提供技术援助和合作，帮助他们建立和完善劳动法律法规体系，加强劳动监察和执法力度，确保劳动者权益得到有效保障。二要聚焦宣传与教育。国际劳工组织通过举办研讨会、培训班等活动，提高各国政府、企业和劳动者对"劳有所得"重要性的认识。同时，国际劳工组织还积极倡导公平、合理的薪酬制度，推动形成尊重劳动、尊重劳动者的社会氛围。三要聚焦监督与评估。国际劳工组织定期对各国在保障劳动者获得合理报酬方面的进展情况进行监督和评估。通过收集和分析数据，国际劳工组织能够及时发现问题并提出改进建议，推动各国不断完善相关政策和措施。

综上所述，国际劳工组织关于"劳有所得"的主要观点体现在其宗旨、国际劳工标准以及具体行动和倡议等多个方面。这些观点和行动共同构成了国际劳工组织在推动全球范围内实现劳动者权益保障、促进社会稳定和经济发展方面的重要贡献。

第五节 深入推动"劳有所得"可持续发展

我国"劳有所得"的重大政策体现在多个方面,旨在保障劳动者的合法权益,提高劳动者的收入水平,促进就业和创业,以及加强劳动监察和争议解决机制。

一是在加强劳动者权益保障方面。将劳动者范围扩大到包括个体工商户、灵活就业人员等在内的一切劳动者,确保他们享有同等的权益保障。对于侵犯劳动者权益的行为,将加大处罚力度,以更好地维护劳动者的合法权益。这包括加强劳动监察机构的职责和权力,优化监察程序,提高监察效率,并加大对违法行为的惩戒力度。

二是在提高劳动者收入水平方面。将根据经济发展水平和物价上涨情况,适时提高最低工资标准,确保劳动者的基本生活需求得到满足。鼓励企业加大对职工培训的投入,提高职工的技能水平和职业素质。这不仅可以促进企业的可持续发展,还可以提高劳动者的就业竞争力和收入水平。

三是在促进就业和创业方面。加强就业服务体系建设,提供就业咨询、职业介绍、技能培训等在内的全方位服务,帮助劳动者实现就业和再就业。同时,还积极推广网络招聘、远程面试等新型招聘方式,提高招聘效率和匹配度。出台一系列政策措施支持创业,包括提供创业贷款、创业补贴、创业培训等。这些政策旨在降低创业门槛和成本,激发劳动者的创业热情和创新精神。

四是在加强劳动监察和争议解决机制方面。加强劳动监察力度,确保企业遵守劳动法律法规，保障劳动者的合法权益。同时，还建立健全投诉举报机制，鼓励劳动者积极维护自身权益。建立调解与仲裁相衔接的机制，加强调解和仲裁工作的协调配合，提高争议解决效率。同时，还将加强司法救济力度，保障劳动者合法权益得到有效维护。

第六节　完善劳动者工资决定、合理增长、支付保障机制

党的二十届三中全会要求："构建初次分配、再分配、第三次分配协调配套的制度体系，提高居民收入在国民收入分配中的比重，提高劳动报酬在初次分配中的比重。完善劳动者工资决定、合理增长、支付保障机制，健全按要素分配政策制度。完善税收、社会保障、转移支付等再分配调节机制。"完善劳动者工资决定、合理增长、支付保障机制是一个系统工程，需要从多个方面入手，以确保劳动者的权益得到充分保障。

一要完善工资决定机制。各类企业应坚持按劳分配原则，确保劳动报酬与劳动生产率同步提高。建立健全工资总额决定机制，合理确定工资总额预算和增幅，确保工资增长与经济效益相匹配。鼓励企业和职工双方通过集体协商的方式确定工资水平，形成企业与职工共商共建共享的工资决定机制。政府应加强对工资集体协商的指导和监督，确保协商过程公开、公正、公平。

二要健全工资合理增长机制。各类企业应建立工资与经济效益联动的增长机制，确保在经济效益增长的同时，职工工资也能得到相应增长。对于效益增长较快的企业，应适当提高工资增长幅度；对于效益下滑的企业，则应合理控制工资增长幅度。激励政策应聚焦高质量发展和效益提升，向作出突出贡献的人才和一线关键苦脏险累岗位倾斜。通过设立专项奖励、

提高岗位津贴等方式，激发广大干部职工的积极性和创造力。政府应加强对企业工资收入分配的宏观指导，根据经济社会发展水平和物价变动情况，适时调整最低工资标准。确保最低工资标准能够保障劳动者的基本生活需要，并逐步提高劳动者的收入水平。

三要强化工资支付保障机制。加强工资支付方面的法律法规建设，制定更为细致的工资支付规定。明确工资支付的时间、方式、标准以及违反规定所应承担的法律责任等细则。构建企业工资支付监控网络，依托基层劳动保障监察网格化、网络化管理平台对工资支付情况进行日常监管。对发生过拖欠工资的企业实行重点监控并要求其定期申报工资支付情况。在建筑市政、交通、水利等工程建设领域全面实行工资保证金制度。逐步将实施范围扩大到其他易发生拖欠工资的行业，确保劳动者的工资权益得到保障。在工程建设领域实行人工费用与其他工程款分账管理制度。推动农民工工资与工程材料款等相分离，确保农民工工资能够按时足额支付。充分发挥工会、劳动者协会等社会组织的作用，为劳动者提供法律咨询和援助服务。鼓励媒体对欠薪行为进行曝光，形成强大的舆论压力，监督用人单位规范工资支付行为。

综上所述，完善劳动者工资决定、合理增长、支付保障机制需要从多个方面入手，包括完善工资决定机制、健全工资合理增长机制以及强化工资支付保障机制等。这些措施的实施将有助于保障劳动者的合法权益，促进劳动关系的和谐稳定。

本章参考文献:

[1] 杨维立. 加大欠薪风险防控力度　筑牢"劳有所得"坚实屏障 [J]. 中国就业，2022（1）.

[2] 李浏清. "劳有所得"才能"劳动最美" [J]. 中国人力资源社会保障，2018（10）.

[3] 李万祥. 司法保障劳有所得 [N]. 经济日报，2016-01-27（14）.

[4] 陈俊梅. "劳"有所得"育"见美好　劳动教育融合实践研究——以《假日劳动》课程设计与实施为例 [J]. 生活教育，2024（3）.

[5] 吕红星. 劳有所得　小屏幕成就大舞台 [N]. 中国经济时报，2023-07-24（2）.

[6] 陆茜坤. 既要"劳有所得"，更要"劳有法依" [N]. 人民法院报，2023-03-13（7）.

第十章　完善"老有所养"制度建设

党的十八大以来，习近平总书记对养老保障和为老服务工作作出一系列重要指示、提出一系列明确要求。习近平总书记指出，我国老年群体数量庞大，老年人用品和服务需求巨大，老龄服务事业和产业发展空间十分广阔。

第一节　"老有所养"开新局

一、党和政府一直高度重视"老有所养"

党和政府一直高度重视"老有所养"的各项工作，并采取了一系列措施来加强养老保障体系建设，确保老年人能够安享晚年。

首先，从制度层面不断完善养老保障体系。我国已经建立了以基本养老保险为基础、企业年金和职业年金为补充、个人储蓄和商业保险为第三支柱的多层次养老保险制度。这一制度为老年人提供了稳定的经济来源，保障了他们的基本生活需求。其次，加大了对养老服务的投入和支持。通过财政补贴、税收优惠等政策，鼓励和支持社会力量参与养老服务，推动养老服务产业的发展。加强了对养老机构的监管和管理，确保老年人能够得到高质量的养老服务。积极推动社区养老和居家养老服务的发展。通过建设社区养老服务设施、开展居家养老服务等方式，为老年人提供更加便捷、贴心的养老服务。这些措施不仅丰富了老年人的精神文化生活，也增强了他们的社会参与感和幸福感。最后，加强了对老年人的关爱和照顾。各级政府和社会组织经常开展各种形式的慰问活动，关心老年人的生活状况和健康状况。同时还加强了对老年人权益的保障和维护，打击侵害老年人权益的违法犯罪行为。

总之，党和政府一直高度重视"老有所养"问题，并采取了一系列措施来加强养老保障体系建设、提高养老服务水平、关爱和照顾老年人。这些努力不仅体现了党和政府对老年人的关心与尊重，也促进了社会的和谐稳定和可持续发展。

二、新时代"老有所养"取得显著成就

一是聚焦在政策制度层面的完善。过去十多年，推动全国人大常委会数次修改《老年人权益保障法》，为老年人权益提供了更坚实的法律保障。党中央、国务院层面先后出台养老服务政策文件10余件，民政部及有关部门出台政策文件90余件，养老服务国家和行业标准50余件，搭建起了养老服务制度体系的基本框架。

二是聚焦养老保险体系的发展。过去十多年，形成了以基本养老保险、企业年金、个人储蓄性养老保险为主要组成部分的多元化养老保险体系。政府加大对基本养老保险的投入，提高养老保险待遇，确保养老保险制度的可持续发展。

三是聚焦养老服务供给的增加。过去十多年，养老服务机构和设施数量大幅增加。截至2022年第一季度，全国各类养老服务机构和设施总数达36万个，床位812.6万张，床位数是2012年底的近2倍。社区养老服务基本覆盖城市社区和半数以上农村社区，为老年人提供了更便捷的养老服务。

鼓励试点创新,推动各地探索形成家庭养老床位,助餐、助浴、助洁、助医、助行、助急"六助"服务,探访关爱、互助养老等满足老年人多元养老需求的服务模式。依托网络平台和信息技术手段,发展虚拟养老院等新型养老服务模式,让居家养老需求在线上精准对接,对养老服务"碎片化"供给进行有效整合。

四是聚焦养老服务质量的提升。过去十多年,建立了养老服务标准体系,基本形成全国统一的服务质量标准和评价体系,提高了养老服务的规范化水平。开展全国养老院服务质量建设专项行动,整治服务隐患,提升养老服务质量。开展非法集资等养老诈骗专项整治,严厉打击了一批不法机构和欺老虐老行为,让老年人在养老服务中更安全、更安心。

五是聚焦特殊困难老年人的关爱。普遍建立高龄津贴、养老服务补贴和失能老年人护理补贴制度,基本实现省级层面全覆盖,惠及大量老年人。实施特殊困难老年人家庭适老化改造,改善老年人的居住环境,提高其生活质量。对于贫困老年人,政府加大社会救助力度,确保其基本生活保障。对特困供养、低保家庭等困难老年人,提供全额或部分补贴,保障其基本生活。

六是聚焦社会参与的增强。过去十多年,鼓励社会资本投入养老服务领域,增加养老服务供给,提高养老服务质量,满足老年人多样化的养老服务需求。志愿服务和互助文化在养老服务中得到发展,老年人可以通过参与志愿服务或加入互助组织来保持社交活动和社会联系,减轻孤独感和无助感。

三、"老有所养"的典型案例

目前,全国各地在"老有所养"方面涌现出许多典型案例,这些案例展示了不同地区在养老服务、老年人权益保护、老年友好型社会建设等方面的积极探索和显著成效。

1. 成都市龙泉驿区中京爱侬颐养护理中心

随着老龄化社会的到来，如何提供高质量、低成本的养老服务成为亟待解决的问题。成都市龙泉驿区中京爱侬颐养护理中心由成都市民政局倡导建立，中京爱侬为建设运营方，通过科图一体化改造设计，打造了一个趋向中高端养老机构的普惠型养老项目。该项目以去地产化、适老化、在地化为主旨，将自然元素与人文关怀相融重构。项目投运后成为普惠性养老院的标杆，吸引了全国各地政企领导的考察学习。该案例展示了如何通过设计力量平衡品质与成本，为老年人提供温馨、有品质的养老服务。

2. 安徽省合肥市庐阳区法院审理的居住权纠纷案

唐某三人通过继承及赠与取得房屋所有权，并承诺父亲及其续弦俞某享有终身无偿居住权。父亲去世后，唐某离婚并要求入住该房屋，遭俞某拒绝。唐某三人提起诉讼要求返还房屋。法院认为俞某依据承诺享有居住权，唐某三人应按承诺履行义务，判决驳回唐某三人的诉讼请求。该案例体现了《民法典》中关于居住权的规定，即不动产过户后，原物权人可保留居住使用权。这一判决有利于保障老年人的居住权益，解决老年人赡养问题中的房产纠纷。

3. 多地政府推动的社区养老服务

随着老年人口的增加，社区养老服务在老年友好型社会建设中发挥着越来越重要的作用。多地政府积极推动社区养老服务设施建设，包括日间照料中心、老年活动室、医疗服务站等。同时，还开展了一系列为老服务活动，如免费体检、健康讲座、心理慰藉等。这些措施有效提升了老年人的生活质量，促进了社区和谐与稳定。老年人能够在社区内享受到便捷、全面的养老服务，感受到社会的关爱与温暖。

4. 黑龙江省佳木斯市前进区法院审理的赡养费纠纷案

陈某年事已高且体弱多病，希望三个女儿能常回家探望并负担医药费及赡养费。法院判决长女和次女每月探望陈某并给付赡养费，三个女儿共同负担医疗费用。该案例强调了子女对父母的赡养义务，包括经济供养、生活照料和精神慰藉。法院判决有利于保障老年人的基本生活需求和精神需求。

综上所述，全国各地在"老有所养"方面取得了许多典型案例。这些案例展示了不同地区在养老服务体系建设、老年人权益保护、老年友好型社会建设等方面的积极探索和显著成效。这些经验和做法对于推动我国老龄事业的持续健康发展具有重要意义。

第二节　国内外"老有所养"的比较研究

国内外在"老有所养"方面有所不同，主要体现在养老方式、经济保障、文化背景、政策支持以及社会参与度等多个方面。

一是基于养老方式视域：在我国，家庭养老是主要的养老方式。老年人更倾向于与子女同住，互相照顾，这体现了我国传统文化中家庭责任和尊重老人的价值观。老年人带孙子往往被认为是一种幸福，也体现了家庭的传统意义。随着老龄化进程的加快，机构养老和社区养老在我国也逐渐兴起。这些养老方式提供了更为专业的照护和服务，以满足老年人的不同需求。而在西方国家，老年人一般更倾向于独立生活，自我照顾。他们可能会选择到海边或山区居住，或者继续工作以保持生活的活力。国外还有多种养老方式，如酒店式老年公寓、社区互助养老等。这些方式提供了更为灵活和个性化的选择，以满足老年人不同的生活需求。

二是基于经济保障的视域：我国的社会养老保险体系正在不断完善中，但相对于发达国家而言，仍存在一些不足。很多老年人的退休金收入有限，需要依赖家庭支持。部分老年人会通过个人储蓄和投资来保障晚年生活，但由于投资渠道有限，很多老年人的经济来源仍然较为单一。在发达国家，退休金和养老保障体系相对完善，老年人有更多的投资渠道可供选择，如股票、债券、基金等，这些投资方式为他们提供了更多的经济来源。

三是基于文化背景的视域：我国传统文化中强调家庭责任和孝道观念，老年人普遍依赖全家人的照顾和帮助。这种文化背景使得家庭成为老年人养老的主要依靠。在发达国家的文化中，个人独立和自我实现是一个重要的价值观。老年人更倾向于过属于自己的生活，而不是依赖家庭或社会的支持。

四是基于政策支持的视域：我国政府高度重视老龄事业，出台了一系列政策来扶持养老产业的发展。这些政策包括加大对养老机构的投入、鼓励社会力量参与养老服务等。发达国家在养老保障方面有着完善的法律体系，政府也会通过税收、补贴等方式来支持老年人的养老生活。

五是基于社会参与度的视域：随着我国社区养老的兴起，越来越多的老年人参与到社区活动中来。这些活动不仅丰富了老年人的精神生活，也增强了他们的社会参与感。在发达国家，志愿服务和互助文化非常发达。老年人可以通过参与志愿服务或加入互助组织来保持社交活动和社会联系，从而减轻孤独感和无助感。

综上所述，国内外在"老有所养"方面存在多方面的不同。这些源于不同的文化传统、制度环境、市场需求等多方因素的影响。我国需要进一步加强养老保障体系建设、完善相关法律法规、鼓励社会力量参与养老服务等方面的工作。

第三节　国际组织对于"老有所养"的看法

一、国际劳工组织关于"老有所养"的主要观点研究

国际劳工组织（ILO）关于"老有所养"的主要观点，我们可以从以下几个方面进行归纳：

　　关于"老有所养"的重要性与必要性。国际劳工组织强调，作为一个文明社会，应当承担起照顾老年人的责任。老年人曾经为社会作出贡献，社会应当回报他们，这是社会责任的体现。

　　关于人权保障。"老有所养"是老年人基本权利的一部分，确保老年人能够获得必要的生活照顾和关怀，是对他们人权的尊重和保护。

　　关于"老有所养"的内涵与目标。"老有所养"不仅仅指物质上的供养，还包括精神上的关怀、健康护理、社会参与等多方面的保障。国际劳工组织关注提高老年人的生活质量，确保他们能够在晚年过上尊严、健康、充实的生活。

　　关于实现"老有所养"的策略与措施。国际劳工组织呼吁各国政府制定和完善相关政策，为老年人提供法律保障和政策支持。

　　关于社会保障体系。建立健全的社会保障体系，包括养老保险、医疗保险等，为老年人提供稳定的经济来源和医疗保障。

　　关于劳动力市场政策。通过劳动力市场政策，鼓励企业为老年员工提供灵活的工作安排和职业培训，延长他们的职业寿命，同时也为社会创造更多的就业机会。

　　关于社会参与和融入。主张积极促进老年人的社会参与和融入，为他们提供社交平台和文化活动，减少孤独感和抑郁情绪，提高生活质量。

　　关于面临的挑战与应对。随着人口老龄化的加剧，"老有所养"面临更大的挑战。国际劳工组织强调需要加强国际合作，共同应对人口老龄化带来的问题。如何合理分配有限的资源，确保老年人得到充分的照顾和关怀，是一个需要解决的问题。国际劳工组织提倡通过创新机制和合作模式，提高资源利用效率。

　　国际劳工组织认为，"老有所养"是一个长期而艰巨的任务，需要全社会的共同努力和关注。国际劳工组织经常组织国际研讨会、经验交流会等活动，分享各国在"老有所养"方面的成功案例和经验做法，为其他国家提供借鉴和参考，旨在让老年人过上更加幸福、有尊严的晚年生活。

二、国际标准化组织关于"老有所养"的主要观点

国际标准化组织（ISO）关于"老有所养"的核心观点，主要体现在其老龄化社会技术委员会（ISO/TC 314）的工作和发布的相关标准上。

一是主张以制定标准应对老龄化挑战。老龄化社会技术委员会致力于制定标准，提供解决方案来应对老龄化社会带来的挑战。这些标准涵盖医疗保健、社会安全、无障碍环境等多个方面，旨在确保老年人能够获得满足其需求的最佳护理服务。

二是关注老年人的内在能力和最大利益。通过关注老年人的内在能力和最大利益，老龄化社会技术委员会强调提供个性化的护理服务，以满足老年人的多样化需求。这包括在医疗保健系统中普及长期的高质量护理，确保老年人能够公平地享有疾病预防、治疗和复健服务。

三是着力推动社会包容性和非歧视性。老龄化社会技术委员会呼吁社会共同研讨医疗保健、社会安全和无障碍等议题，以建立一个能识别并尊重文化差异的体系。承认老龄化人口的价值，确保在任何情况下都倾听他们的诉求，坚持包容性的原则。

四是支持老年人社会参与和职业发展。国际标准化组织认识到健康的衰老不仅仅是"不生病"，还包括在一生中保有职业技能和参与社会活动的能力。ISO 25552 等标准致力于打造一个失智包容性环境，使老年人依然可以是一名独立的公民，参与社会活动并最大限度地发挥自己的能力。

五是强调多方协作和共同责任。国际标准化组织强调政府、公私机构、公民社会组织、学术和研究机构等所有利益相关方必须共同协作，以发挥好老年人的余热。各方应共同承担起为老年人提供所需帮助的责任，以促进经济增长、劳动力平等和代际公平。

六是抵制年龄偏见。老龄化社会技术委员会及其成员致力于抵制年龄

偏见，倡导人人平等的价值观。社会为年长者提供其所需、也应得的帮助，他们也将为社会带来诸多益处，包括经济增长和社会和谐。

第四节 不断推动"老有所养"继续前进

我国老有所养的重大政策涉及多个方面，旨在全面提升老年人的生活质量，确保他们老有所养、老有所依。

一是在养老金政策领域。注重养老金的动态调整。为了应对人口老龄化问题，国家持续上调退休人员基本养老金。例如，2024年人力资源和社会保障部、财政部发布《关于2024年调整退休人员基本养老金的通知》，将退休人员基本养老金水平上调了3%。这一政策直接提高了老年人的经济保障水平。养老金领取原则一直遵循多缴多得、少缴少得的原则，鼓励在职期间多缴纳、长缴纳养老保险，以增加退休后的养老金收入。

二是在高龄津贴政策领域。从2024年开始，全国70岁及以上老人将享受高龄津贴政策，这一政策不仅惠及城市老年人，也惠及广大农村老年人。高龄津贴的具体标准根据各地经济发展状况和财力状况确定。以深圳市为例，70—79岁老人每月最高可领取200元高龄补贴，80—89岁老人每月300元，90岁及以上老人每月领取更多高龄补贴。

三是在医养结合政策领域。加快补齐老年医学、医疗护理等服务短板，让老年患者得到优质的医疗照护。加强对老年人的健康状况评估，及时发现健康问题和隐患。命名了一批全国医养结合示范县（市、区）和示范机构，推动医养结合模式的普及和发展。

四是在养老服务政策领域。城市积极推动形成"15分钟"养老服务圈，支持具备综合功能的社区服务设施建设，提供便捷的养老服务。加强养老服务领域的人才培养，提升养老服务质量和水平。例如，推进建立长效护理险制度，为老年人提供更好的护理保障。

五是在适老化改造政策领域。积极推动实施特殊困难老年人家庭适老化改造，改善老年人的居住环境，提高其生活质量。交通运输部等部门印发通知，要求加强适老化无障碍出行环境建设，提升老年人的出行便利性和安全性。

六是在综合保障政策领域。如国务院办公厅印发《关于发展银发经济增进老年人福祉的意见》，提出发展银发经济，促进事业产业协同，加快银发经济规模化、标准化、集群化、品牌化发展。再如，民政部、国家数据局联合印发《关于组织开展基本养老服务综合平台试点的通知》，组织开展基本养老服务综合平台试点，提高基本养老服务便利化、精准化、数字化水平，推动"养老服务＋监管＋资源调度""医生、养、康、护"等业务一体化。

第五节　完善发展养老事业和养老产业政策机制

党的二十届三中全会要求："积极应对人口老龄化，完善发展养老事业和养老产业政策机制。发展银发经济，创造适合老年人的多样化、个性化就业岗位。按照自愿、弹性原则，稳妥有序推进渐进式延迟法定退休年龄改革。优化基本养老服务供给，培育社区养老服务机构，健全公办养老机构运营机制，鼓励和引导企业等社会力量积极参与，推进互助性养老服务，促进医养结合。加快补齐农村养老服务短板。改善对孤寡、残障失能等特殊困难老年人的服务，加快建立长期护理保险制度。"完善发展养老事业和养老产业政策机制是一个复杂而系统的工程，需要从多个方面入手，以确保老年人的生活质量得到不断提升，并推动养老产业的持续健康发展。

一要加强顶层设计和统筹规划。结合我国人口老龄化的实际情况，明确细化具体可行的养老事业和养老产业发展目标，确保各项政策和工作有的放矢。制定养老事业和养老产业的中长期发展规划，明确各阶段的发展任务和重点，确保政策的连续性和稳定性。

二要完善政策法规体系。完善养老方面的法律法规，明确政府、市场、社会在养老事业和养老产业中的责任和义务，为养老事业和养老产业的发展提供法律保障。制定并落实一系列扶持政策，如税收优惠、财政补贴、土地使用等，鼓励社会资本进入养老领域，推动养老产业的多元化发展。

三要加强养老服务体系建设。加强城乡社区养老服务网络建设，提高养老服务的覆盖面和可及性。特别是要加大对农村养老服务的投入，补齐农村养老服务短板。加强养老服务人员的培训和管理，提高养老服务人员的专业素质和服务水平。同时，推动养老服务标准化、规范化建设，确保老年人享受到高质量的养老服务。

四要推动养老产业创新发展。充分利用互联网、大数据、人工智能等现代信息技术，推动智慧养老系统建设。通过智慧养老平台，为老年人提供更加便捷、高效、个性化的服务。鼓励和支持企业研发适合老年人的产品和服务，如智能穿戴设备、健康监测仪器、老年保健品等。同时，推动养老服务与文化、旅游、体育等产业的融合发展，培育新的经济增长点。

五要强化资金保障和监管机制。建立多元化的养老资金投入机制，包括政府投入、社会资本、慈善捐赠等。同时，鼓励金融机构开发适合老年人的金融产品和服务，为养老事业和养老产业提供资金支持。建立健全养老资金监管机制，确保资金使用的合规性和有效性。加强对养老机构和项目的监管力度，防止资金挪用和浪费现象的发生。

六要加强社会参与和协同合作。积极动员社会力量和社会组织参与养老事业和养老产业的发展。通过政府购买服务、志愿服务等方式，引导社会资源向养老领域倾斜。加强与国际社会在养老领域的交流与合作，借鉴国际先进经验和技术，推动我国养老事业和养老产业的国际化发展。

　　七要注重人才培养和队伍建设。加大对养老服务人才的培养力度，通过高校、职业院校等教育机构培养一批具有专业知识和技能的养老服务人才。加强养老服务人员的职业道德教育和专业技能培训，提高服务人员的职业素养和服务水平。同时，建立健全养老服务人员的激励机制和职业发展通道，吸引更多优秀人才投身养老事业。

本章参考文献：

［1］张俊. 当"老有所养"遇上"科技赋能"[N]. 中国社会报，2024-06-19
（1）.

［2］孙雪霏. 助力老有所养，养老金融供给持续丰富 [N]. 中国城市报，2024-
06-03（3）.

［3］敖阳利. 让 1.2 亿农村老人"老有所养"[N]. 中国财经报，2024-06-22
（1）.

［4］唐斌. 创新医养结合模式：让老有所养、老有所医 [J]. 中国农村卫生，
2024（4）.

［5］米红. 发展多层次养老保险体系保障农村老有所养 [J]. 人民论坛，2024
（5）.

［6］杨淼. 让老有所养更有保障 [J]. 农村工作通讯，2024（6）.

［7］刘泽宇，张云矿."老有所养"能否促进"儿有所为"——社区居家养老服
务对子代非农就业的影响 [J]. 山西财经大学学报，2024（3）.

［8］姜琳琳. 为实现"老有所养、病有所医"持续努力 [N]. 中国老年报，
2024-03-06（2）.

第十一章　完善"病有所医"制度建设

2021 年 2 月 26 日下午，习近平总书记在中央政治局就完善覆盖全民的社会保障体系进行第二十八次集体学习时指出，要树立战略眼光，顺应人民对高品质生活的期待，适应人的全面发展和全体人民共同富裕的进程，不断推动幼有所育、学有所教、劳有所得、病有所医、老有所养、住有所居、弱有所扶取得新进展。"病有所医"是社会保障体系中的一个重要方面，它指的是社会成员在面临疾病和健康问题时，能够得到及时、有效的医疗服务和保障，确保其基本医疗需求得到满足。

第一节　党和政府一直高度重视"病有所医"

一、"病有所医"的含义

具体来说，"病有所医"包含以下几个方面的含义：

一是从医疗保障制度出发：建立和完善覆盖全民的医疗保障制度，确保每个社会成员在患病时都能享受到基本的医疗保障。这包括城镇职工基本医疗保险、城乡居民基本医疗保险等制度，以及针对特殊困难群体的医疗救助制度。

二是从医疗服务可及性出发：提高医疗服务的可及性，使居民能够方便地获得所需的医疗服务。这要求加强基层医疗卫生体系建设，提高基层医疗机构的服务能力和水平，让居民在家门口就能享受到便捷、优质的医疗服务。

三是从医疗资源均衡分配出发：推动医疗资源的均衡分配，缩小城乡、区域之间的医疗差距。通过加大投入、优化布局、提升能力等措施，确保不同地区、不同人群都能够享受到公平、优质的医疗服务。

四是从医疗救助和慈善出发：建立和完善医疗救助与慈善制度，为因病致贫、因病返贫的困难群众提供及时有效的救助和援助。这包括政府主导的医疗救助制度以及社会各界的慈善捐赠和志愿服务等。

五是从健康管理和预防出发：注重健康管理和疾病预防工作，通过加强健康教育、推广健康生活方式、开展疾病预防和控制等措施，提高居民的健康素养和防病能力，从源头上减少疾病的发生和蔓延。

总之，"病有所医"是一个综合性的概念，它要求各级政府和社会各界共同努力，建立完善的医疗保障体系和医疗服务体系，提高医疗服务的质量和效率，确保每个社会成员都能够享受到公平、可及、优质的医疗服务。

二、党和政府高度重"病有所医"

党和政府一直高度重视"病有所医"工作，并将其作为改善民生、促进社会公平与和谐的重要方面，努力让人民群众享有更加公平、可及、优质的医疗服务。

一是围绕医疗保障制度建设开展工作。建立了覆盖全民的基本医疗保障制度，包括城镇职工基本医疗保险、城乡居民基本医疗保险等，实现了制度上的全覆盖。这些制度为居民提供了基本的医疗保障，减轻了看病就医的经济负担。为进一步解决因病致贫、因病返贫问题，建立了大病保险制度。大病保险对基本医保已经报销的合规医疗费用再次给予报销，要求实际报销比例不低于一定水平，有效降低了大病患者的经济风险。

二是围绕医疗卫生服务体系建设开展工作。高度重视基层医疗卫生服务体系建设，通过加强基层医疗机构建设、提升基层医疗服务能力等措施，使居民能够在家门口享受到便捷、优质的医疗服务。为推动医疗资源的均衡分配，加大了对中西部和农村地区医疗卫生的投入，缩小了城乡、区域之间的医疗差距。

三是围绕医疗救助和慈善开展工作。建立了完善的医疗救助制度，为因病致贫、因病返贫的困难群众提供及时有效的救助和援助。医疗救助制度与基本医疗保险制度相互衔接，共同构建了医疗保障安全网。鼓励和支持社会各界参与医疗慈善事业，通过捐赠资金、物资、技术等方式，为困难群众提供医疗援助和支持。

四是围绕健康管理和预防开展工作。加强健康教育宣传，提高居民的健康素养和防病能力。通过多种形式的宣传教育活动，普及健康知识，引导居民养成健康的生活方式。加强疾病预防和控制工作，通过疫苗接种、传染病监测、慢性病管理等措施，降低疾病的发生率和死亡率。

五是围绕政策支持和监管开展工作。出台了一系列政策措施，支持医疗卫生事业的发展，包括加大财政投入、优化资源配置、推动医疗改革等。加强医疗卫生领域的监管力度，打击违法违规行为，维护医疗市场秩序和患者权益。通过加强医保基金监管、开展专项整治行动等措施，确保医保基金的安全和有效使用。

第二节　新时代"病有所医"成果巨大

新时代病有所医取得的成就显著，主要集中体现在以下几个方面：

一是在医疗保障制度建设领域，建立了覆盖全民的基本医疗保障制度。

据统计，截至 2023 年底，全国基本医疗保险参保 133389 万人。其中，职工医保参保 37095 万人，比上年增加 852 万人，增长 2.3%，其中，在职职工 27099 万人，比上年增长 1.9%；退休职工 9996 万人，比上年增长 3.7%，在职退休比为 2.71。企业、机关事业、灵活就业等其他人员参保人数（包括在职职工和退休人员）分别为 24367 万人、6668 万人、6060 万人。职工医保统账结合和单建统筹参保人数分别为 34525 万人、2569 万人。2023 年，全国基本医疗保险（含生育保险）基金总收入 33501.36 亿元，全国基本医疗保险（含生育保险）基金总支出 28208.38 亿元，2023 年统筹基金当期结存 5039.59 亿元，累计结存 33979.75 亿元。

二是在医疗服务体系建设领域，通过加强基层医疗机构建设、提升基层医疗服务能力等措施，使居民能够在家门口享受到便捷、优质的医疗服务。据统计，到 2022 年末，全国医疗卫生机构达到 1032918 个，比上年增加 1983 个。全国共设置 13 个类别的国家医学中心和儿童类别的国家区域医疗中心。全国医疗卫生机构床位 975.0 万张，每千人口医疗卫生机构床位数由 2021 年的 6.70 张增加到 2022 年的 6.92 张。全国卫生人员总数 1441.1 万人，比上年增加 42.5 万人（增长 3.0%）。每千人口执业（助理）医师 3.15 人，每千人口注册护士 3.71 人。2022 年全国卫生总费用为 84846.7 亿元，其中政府卫生支出占 28.2%；社会卫生支出占 44.8%；个人卫生支出 22914.5 亿元，占 27.0%。人均卫生总费用 6010.0 元，卫生总费用占 GDP 的比重为 7.0%。

三是在医疗技术和创新能力方面，随着科技的进步，我国医疗技术水平不断提高。新药研发、医疗器械创新等方面取得了显著成就，为疾病治疗提供了更多选择和更好的效果。医疗信息化和智能化是新时代医疗发展的重要趋势。我国积极推进医疗信息化建设，通过电子病历、远程医疗、智能诊疗等手段，提高医疗服务效率和质量。同时，人工智能、大数据等技术在医疗领域的应用也越来越广泛，为精准医疗、个性化医疗提供了有力支持。

四是在健康管理和预防工作方面，加强健康教育宣传，提高居民的健康素养和防病能力。通过多种形式的宣传教育活动，普及健康知识，引导居民养成健康的生活方式。加强疾病预防和控制工作，通过疫苗接种、传染病监测、慢性病管理等措施，降低疾病的发生率和死亡率。特别是针对重大传染病和公共卫生事件，我国建立了完善的应急响应机制和防控体系，有效保障了人民群众的生命安全和身体健康。

五是在医疗救助和慈善事业发展方面，政府建立了完善的医疗救助制度，为因病致贫、因病返贫的困难群众提供及时有效的救助和援助。医疗救助制度与基本医疗保险制度相互衔接，共同构建了医疗保障安全网。鼓励和支持社会各界参与医疗慈善事业，通过捐赠资金、物资、技术等方式，为困难群众提供医疗援助和支持。慈善事业在缓解医疗压力、促进医疗公平方面发挥了重要作用。

综上所述，新时代"病有所医"取得的成就显著，不仅提高了人民群众的健康水平和生活质量，也为全面建设社会主义现代化国家提供了有力保障。

二、"病有所医"的典型案例

目前，全国各地在"病有所医"方面取得了许多典型案例，这些案例展示了不同地区在医疗保障、医疗服务、医疗技术创新等方面的积极探索和显著成效。

1.山西省岢岚县健康扶贫

地处吕梁山区深处的山西省岢岚县，山大沟深、坡陡地瘠，经济落后，居民因病致贫、因病返贫现象严重。当地政府实施健康扶贫政策，为贫困群众提供医疗救助和医疗保障，确保他们能够得到及时有效的治疗。通过健康扶贫政策，有效减轻了贫困群众的医疗负担，防止了因病致贫、因病返贫现象的发生，提高了贫困群众的健康水平和生活质量。

2.西安高新医院"爱心厨房"

患者及家属在住院期间，由于医院食堂的饭菜口感和营养问题，难以满足患者的特殊需求。西安高新医院开办了"爱心厨房",为家庭困难人群、肿瘤科患者及家属提供免费做饭的便利。厨房内提供厨具、天然气、水、电以及冰箱和冷柜供患者及家属保存食材,并由专人保证卫生整洁。患者及家属能够在"爱心厨房"中制作自己喜爱的饭菜,保证了患者的饮食营养和口感需求,同时也提高了患者的满意度和幸福感。

3.基于 AI 的影像诊断系统

随着人工智能技术的发展,其在医疗领域的应用越来越广泛。多家医疗机构采用基于深度学习的 AI 影像诊断系统,用于辅助医生分析 CT、MRI 等医学影像。这些系统能够高效识别肺结节、脑出血、乳腺癌等疾病的迹象,提高诊断速度和准确性。AI 影像诊断系统的应用减少了漏诊和误诊率,特别是在早期癌症筛查中,提高了患者生存率。同时,也为医生提供了更加精准的诊断依据和治疗建议。

4.医联体建设

医疗资源分配不均是我国医疗领域面临的一个主要问题,大城市和发达地区医疗资源相对丰富,而偏远地区和农村地区医疗资源匮乏。政府推动医联体建设,通过城市三级医院与基层医疗机构建立紧密的合作关系,促进优质医疗资源下沉。医联体内实现资源共享、技术帮扶和人才培养等目标。医联体建设有效缓解了基层医疗机构医疗资源不足的问题,提高了基层医疗服务水平。同时,也促进了城市三级医院与基层医疗机构之间的交流与合作,推动了医疗服务的整体提升。

第三节 国内外"病有所医"的比较研究

国内外在"病有所医"方面确实存在一定的不同,主要体现在医疗保障制度、医疗服务质量、医疗资源分配、医疗技术水平以及医疗创新能力等多个方面。

一是基于医疗保障制度视角：我国已经建立了覆盖全民的基本医疗保障制度，包括城镇职工基本医疗保险、城乡居民基本医疗保险等，实现了制度上的全覆盖。实施了医疗救助制度，为因病致贫、因病返贫的困难群众提供救助和援助。一些发达国家如英国、加拿大等实行全民免费医疗或近乎免费的医疗制度，患者只需负担极少的费用或仅支付挂号费。美国的医疗保障体系则更加复杂，包括私人医疗保险、公共医疗保险（如Medicare、Medicaid）等，但仍有部分人群因未参保或保险不足而面临医疗负担。

二是基于医疗服务质量视角：国内在大城市和发达地区，医疗服务质量较高，但存在地区差异和城乡差异。近年来，随着医疗改革的深入和医疗技术的进步，医疗服务质量整体有所提升。发达国家普遍拥有较高的医疗服务质量，医院设施先进，医生专业水平高，就医体验较好。建立了完善的医疗质量管理体系和监管机制，确保医疗服务的安全和有效。

三是基于医疗资源分配视角：国内医疗资源分配不均，大城市和发达地区医疗资源相对丰富，而偏远地区和农村地区医疗资源匮乏。我国近年来加大了对基层医疗机构的投入和支持力度，但医疗资源分配不均的问题仍待解决。发达国家拥有较为均衡的医疗资源分配体系，通过政府补贴、医疗保险等手段确保不同地区和人群都能享受到相对均等的医疗服务。

四是基于医疗技术水平视角：国内在一些领域如常见病、多发病的诊疗方面，医疗技术水平已经达到或接近国际先进水平。但在罕见病、复杂手术等特殊领域，医疗技术水平仍与国外存在一定差距。发达国家在医疗技术方面处于领先地位，拥有先进的医疗设备、诊疗技术和治疗手段。

五是基于医疗创新能力视角：近年来，我国在医疗创新方面取得了显著进展，包括新药研发、医疗器械创新等。但与发达国家相比，在创新药物的研发能力和水平上仍有待提升。发达国家在医疗创新方面具有较强的实力和优势，形成了完善的创新药物研发体系和产业链。不断推出新的诊疗技术和治疗手段，推动医疗技术的不断进步和发展。

综上所述，国内外在"病有所医"方面存在多方面的差距。但值得注意的是，我国政府近年来在医疗保障、医疗服务质量、医疗资源分配等方面采取了一系列措施和改革举措，取得了显著成效。未来随着医疗改革的深入和医疗技术的进步，国内外在"病有所医"方面的差距有望逐步缩小。

第四节　国际组织关于"病有所医"的主要观点

一、世界卫生组织有关观点

世界卫生组织（WHO）关于"病有所医"的主要观点，可以归纳为以下几个方面：

一是强调健康权与平等获取医疗服务。世界卫生组织明确指出，健康是每个人的基本权利，不受种族、宗教、政治信仰、经济或社会状况的影响。这一观点强调了医疗服务的普遍性和平等性。世界卫生组织致力于推动全球范围内医疗服务的平等获取，确保所有人，无论其社会经济地位如何，都能获得必要的医疗照护。

二是推动全球卫生体系的加强与改革。世界卫生组织倡导各国加强卫生体系建设，包括加强基层医疗卫生服务、提升医疗质量、保障医疗安全等，以确保人们能够获得有效的医疗服务。面对全球卫生挑战，世界卫生组织鼓励各国进行卫生体系改革，以适应不断变化的卫生需求和挑战，提高卫生体系的效率和可持续性。

三是促进医疗服务的可及性与质量。世界卫生组织致力于推动医疗服务的广泛覆盖，特别是针对偏远地区、贫困地区和弱势群体，通过政策制定、资源分配和技术支持等手段，提高医疗服务的可及性。世界卫生组织强调医疗服务的质量，包括医疗技术的先进性、医疗人员的专业素质和医疗设施的完善程度等，以确保患者能够获得高质量的医疗服务。

四是关注公共卫生与疾病预防。世界卫生组织认为，公共卫生是"病有所医"的重要组成部分，通过加强公共卫生体系建设、提高疫情监测和应对能力、推广健康生活方式等措施，可以有效预防和控制疾病的发生和传播。世界卫生组织倡导"预防为主"的方针，通过疫苗接种、健康教育、环境卫生改善等手段，提高人群的免疫力和抵抗力，降低疾病发病率和死亡率。

五是推动全球卫生合作与援助。世界卫生组织强调全球卫生合作的重要性，通过与国际组织、各国政府和非政府组织等合作，共同应对全球卫生挑战，如传染病疫情、非传染性疾病负担加重等。世界卫生组织向发展中国家提供技术和财政援助，帮助其加强卫生体系建设、提高医疗服务水平、改善公共卫生状况等，以实现全球卫生安全的共同目标。

二、国际劳工组织有关观点

国际劳工组织（ILO）关于"病有所医"的主要观点，可以归纳为以下几个方面：

一是强调医疗卫生的普遍可及性。国际劳工组织认为，所有劳动者及其家庭成员都应享有公平、可负担和高质量的医疗卫生服务。这是实现社会公正和人类福祉的重要组成部分。国际劳工组织推动各国政府和国际社会制定和实施相关政策，确保医疗卫生服务的广泛覆盖，特别是针对农村地区和弱势群体。

二是关注职业健康与安全。国际劳工组织将职业健康与安全作为其工作的重要领域之一，致力于减少工伤事故和职业病的发生。通过制定国际劳工标准、提供技术援助和培训、促进国际合作等方式，国际劳工组织帮助各国改善劳动条件，保护劳动者的身体健康和生命安全。

三是推动医疗卫生体系的改革与发展。国际劳工组织支持各国政府根据本国国情和实际需求，推动医疗卫生体系的改革与发展，提高医疗卫生服务的效率和质量。国际劳工组织与世界卫生组织等国际机构合作，共同推动全球医疗卫生事业的发展。

四是倡导全民健康保险和医疗救助制度。国际劳工组织认为，全民健康保险和医疗救助制度是保障劳动者及其家庭成员病有所医的重要手段。国际劳工组织鼓励各国政府建立和完善全民健康保险制度，为劳动者提供全面的医疗保障；同时，针对低收入群体和弱势群体，建立医疗救助制度，确保他们能够获得必要的医疗卫生服务。

五是关注特殊群体的医疗卫生需求。国际劳工组织特别关注妇女、儿童、老年人、残疾人等特殊群体的医疗卫生需求，推动各国政府和国际社会采取针对性措施，满足他们的特殊需求。国际劳工组织通过分享成功案例和经验做法，促进各国在特殊群体医疗卫生服务方面的交流与合作。

六是推动医疗卫生服务的可持续性和创新性。国际劳工组织强调医疗卫生服务的可持续性，鼓励各国政府和国际社会在推动医疗卫生事业发展的过程中，注重环境保护和资源节约。国际劳工组织支持利用现代科技手段，如远程医疗、人工智能等，提高医疗卫生服务的效率和质量，同时降低服务成本。

综上所述，国际劳工组织在"病有所医"方面持有一系列积极观点，并致力于通过政策制定、标准推广、技术援助和国际合作等方式，推动全球医疗卫生事业的发展，确保所有劳动者及其家庭成员都能够获得公平、可负担和高质量的医疗卫生服务。

第五节　持续推动"病有所医"不断发展

我国"病有所医"的重大政策主要体现在深化医药卫生体制改革和健全医疗卫生服务体系上。

首先，关于深化医药卫生体制改革。推动地方各级政府进一步落实全面深化医改责任，巩固完善改革推进工作机制，及时研究解决改革中的重大问题。探索建立医保、医疗、医药统一高效的政策协同、信息联通、监管联动机制。深化以公益性为导向的公立医院改革，推动以治病为中心转向以人民健康为中心。开展新批次国家组织药品和医用耗材集中带量采购，对协议期满批次及时开展接续工作。指导内蒙古、浙江、四川等试点省份开展深化医疗服务价格改革全省（区）试点。推进医疗服务价格动态调整工作，经评估符合调价条件的地区及时完成调价。对紧密型医疗联合体实行医保总额付费，完善总额测算、结余留用和合理超支分担机制。开展中医优势病种付费试点，研究对创新药和先进医疗技术应用给予在 DRG/DIP 付费中除外支付等政策倾斜。研究制定关于医疗服务收入内涵与薪酬制度衔接的办法，注重医务人员稳定收入和有效激励。加强对医院内部分配的指导监督，严禁向科室和医务人员下达创收指标，医务人员薪酬不得与药品、卫生材料、检查、化验等业务收入挂钩。

其次，关于健全医疗卫生服务体系。推进传染病监测预警与应急指挥能力建设，推进国家紧急医学救援基地、国家重大传染病防治基地等重点项目建设。基本公共卫生服务经费人均财政补助标准提高。改善基层医疗卫生机构基础设施条件，推广智慧医疗辅助信息系统。加强中心卫生院建设，组织二、三级医院通过人员下沉、远程医疗、培训、巡回医疗等方式提高基层能力。根据规划合理设置国家医学中心和国家区域医疗中心，推进双中心建设项目实施。深入推进紧密型城市医疗集团建设试点，探索完善相应的管理体制和运行机制。以省份为单位全面推开紧密型县域医共体建设，加强县级医院能力建设。推进国家中医药传承创新中心、中西医协同"旗舰"医院等建设。支持中药工业龙头企业全产业链布局，加快中药全产业链追溯体系建设。

最后，关于其他相关政策。制定关于规范城市定制型商业医疗保险的指导性文件，推动商业健康保险产品扩大创新药支付范围。加强集采中选药品和医用耗材质量监管，完善提升医药集采平台功能，加强网上采购监督。

总的来说，这些政策旨在通过深化医药卫生体制改革、健全医疗卫生服务体系、提高公共卫生服务能力和加强基层医疗卫生服务能力建设等措施，实现"病有所医"的目标，提高人民群众的健康水平和获得感。

第六节　实施健康优先发展战略

党的二十届三中全会要求："深化医药卫生体制改革。实施健康优先发展战略，健全公共卫生体系，促进社会共治、医防协同、医防融合，强化监测预警、风险评估、流行病学调查、检验检测、应急处置、医疗救治等能力。促进医疗、医保、医药协同发展和治理。促进优质医疗资源扩容下沉和区域均衡布局，加快建设分级诊疗体系，推进紧密型医联体建设，强化基层医疗卫生服务。深化以公益性为导向的公立医院改革，建立以医疗服务为主导的收费机制，完善薪酬制度，建立编制动态调整机制。引导规范民营医院发展。创新医疗卫生监管手段。健全支持创新药和医疗器械发展机制，完善中医药传承创新发展机制。"实施健康优先发展战略是一项综合性的系统工程，需要政府、社会各界及广大民众共同参与和努力。

一要明确战略目标和方向。将人民健康放在国家发展的优先位置，明确健康优先发展战略在全面建设社会主义现代化国家新征程中的重要性和紧迫性。根据《"健康中国2030"规划纲要》等文件，制定具体、可量化的健康发展目标，如人均预期寿命、婴儿死亡率、健康服务业总规模等。

二要加强政策支持和保障。制定和完善与健康优先发展战略相关的法律法规，如《中华人民共和国基本医疗卫生与健康促进法》等，为健康事业发展提供法律保障。增加政府卫生支出，确保公共卫生和基本医疗服务的经费投入，同时鼓励社会资本参与健康产业投资。根据地区经济发展水平，统筹协调推进健康优先发展，优化医疗资源布局，加强基层医疗卫生服务能力建设。

三要推动健康服务体系建设。加强公立医疗卫生机构建设，提高医疗服务质量和效率，推动公共卫生机构、医院、基层医疗卫生机构信息共享、体系联动、服务整合。鼓励和支持社会力量参与健康服务提供，发展健康养老、健康旅游、健康体育等多元化健康服务，满足人民群众多样化、多层次的健康需求。提升基层医疗机构的诊疗能力和服务水平，推动家庭医生签约服务，加强慢性病管理和健康教育工作。

四要促进医药科技创新和人才培养。加快生命科学、生物技术等科技创新领域基础设施建设，设立更多连续性、长期性重大支持项目，推动医疗技术和健康产品的创新与发展。加强医学教育和人才培养工作，提高医务人员的专业素养和服务能力，同时加强跨学科人才培养，推动医学与其他学科的融合发展。

五要提升全民健康素养。努力实现从被动健康到主动健康的转变，开展全民健康教育活动，普及健康知识和技能，提高人民群众的自我健康管理能力。引导人民群众养成良好的行为生活方式和饮食习惯，增强体育健身意识，推动形成人人重视健康、人人追求健康、人人受益健康的良好局面。

六要加强国际合作与交流。在民众健康领域积极借鉴国际先进经验和做法，加强与国际组织和相关国家的交流与合作。发挥中医药在健康领域的独特优势和作用，推动中医药国际化进程，加强与国际社会的合作与交流。

总之，实施健康优先发展战略研究需要从多个方面入手，通过各级政府、社会各界及广大民众的共同努力和协作，推动健康事业不断向前发展。

本章参考文献：

［1］姜琳琳. 为实现"老有所养、病有所医"持续努力 [N]. 中国老年报，2024-03-06（2）.

［2］汪盛玉. 深层民生保障视域下"病有所医"的可行性路径探究 [J]. 广西社会科学，2023（9）.

［3］周巍，尚樱之. 病有所医、病无所恐：我国农村合作医疗制度发展历程、运行逻辑与未来进路 [J]. 甘肃行政学院学报，2024（1）.

［4］张悦，曹学平. 十年人民健康路：病有所医　医有所保 [N]. 中国经营报，2022-10-17（16）.

［5］申曙光. 我们需要什么样的医疗保障体系？ [J]. 社会保障评论，2021（1）.

［6］翟绍果. 从病有所医到健康中国的历史逻辑、机制体系与实现路径 [J]. 社会保障评论，2020（2）.

第十二章　完善"住有所居"制度建设

"住有所居"是一个旨在解决广大群众住房问题的概念，其核心在于确保每个人都能拥有适宜的居住条件，不论是通过自有住房还是租赁住房的方式。2013 年 10 月 29 日下午，习近平总书记在中央政治局就加快推进住房保障体系和供应体系建设进行第十次集体学习时强调，加快推进住房保障和供应体系建设，是满足群众基本住房需求、实现全体人民住有所居目标的重要任务，是促进社会公平正义、保证人民群众共享改革发展成果的必然要求。

第一节　党和政府一直高度重视"住有所居"

一、关于"住有所居"的丰富内涵

"住有所居"是指从我国国情出发，在总结经验的基础上，进一步深化住房制度改革，坚持市场机制和政府调控"两手抓"，形成面向高中低不同收入群体的多层次、差异化住房政策体系。概括来讲，就是要做到"低端有保障，中端有支持，高端有市场"。

一是要求人人有房住。确保每个人住房权利的实现，不论是自有自住还是租住。这意味着政府和社会应努力提供足够的住房资源，以满足不同人群的居住需求。

二是住房面积要适当。满足有尊严居住的需要，不存在过度拥挤问题，符合安全健康标准，社区和公共服务可及。这要求住房在数量上和质量上都要达到一定的标准，以保障居民的基本居住权益。

三是经济上可负担。家庭住房支出占可支配收入的比重合理，不过度挤占其他基本生活消费。这意味着住房价格或租金应处于居民可承受的范围之内，避免给居民造成过大的经济压力。

为落实好"住有所居"，我们必须坚持正确的政策导向：

一要政府调控与市场机制相结合。在住房问题上，既要发挥市场机制的作用，通过市场调节供求关系，促进住房资源的优化配置；又要强化政府的公共服务职能，通过制定和实施相关政策，保障中低收入群体的住房需求。

二要构建多层次住房供应体系。针对不同收入群体的住房需求，构建包括商品房、共有产权房、公共租赁房等在内的多层次住房供应体系，以满足居民多层次、多元化的居住需求。

三要优先支持弱势群体。为实现住房机会公平和过程公平，要求优先支持弱势群体和特需群体解决住房问题，如低收入家庭、新就业职工、外来务工人员等。同时，支持棚户区和老旧小区更新改造，提升居民居住环境和品质。

"住有所居"不仅是人民群众的基本生活需求之一，也是实现社会公平和稳定的重要保障。通过实现"住有所居"，可以有效缓解住房矛盾和社会矛盾，提升居民的幸福感和满意度。同时，"住有所居"目标的实现也有助于推动经济社会的持续健康发展。

二、党和政府一直高度关注"住有所居"

这主要体现在多个方面，其中包括政策制定、住房保障体系建设、城乡人居环境改善以及推动建筑业发展等。

一是关于政策制定与引导。始终把"实现全体人民住有所居目标"作为一项重要改革任务推进。党的十八大、十九大、二十大等报告均强调了住房问题的重要性和解决途径。围绕促进房地产市场平稳健康发展出台了一系列政策,加强了对住房租赁市场的培育和发展,鼓励和支持住房租赁企业规范发展,满足多样化的住房需求。通过不断深化住房制度改革,逐步建立了以多主体供给、多渠道保障、租购并举的住房制度,努力实现全体人民住有所居。

二是关于住房保障体系建设。政府大力推动保障性住房建设,包括公租房、廉租房、经济适用房等。这些保障性住房主要面向低收入家庭、新就业职工和外来务工人员等住房困难群体,有效缓解了他们的住房问题。棚户区改造是党和政府解决城市住房困难问题的重要举措。通过大规模的棚户区改造工程,大量棚户区居民得以搬进宽敞明亮的新居,居住条件得到显著改善。政府鼓励和支持住房租赁市场的发展,通过提供政策支持、税收优惠等方式,引导社会资本进入住房租赁领域。同时,也加强了对住房租赁市场的监管,保障租赁双方的合法权益。

三是关于城乡人居环境改善。政府积极推进城镇老旧小区改造工程,通过改善小区基础设施、提升居住环境等方式,提高了居民的居住品质。这些改造工程不仅解决了老旧小区居民的住房问题,也促进了城市面貌的改善。在乡村建设方面,政府也加大了投入力度,通过实施乡村振兴战略、推进农村人居环境整治等措施,改善了农村地区的住房条件和生活环境。

四是推动建筑业良性发展。政府鼓励建筑业转型升级,推动建筑业向高质量发展方向迈进。通过推广绿色建筑、装配式建筑等新型建筑方式,提高了建筑质量和施工效率,降低了能源消耗和环境污染。在科技创新方面,政府也加大了对建筑业的支持力度,鼓励企业加强技术研发和创新能力建设。通过引入新技术、新工艺和新材料等方式,提高了建筑业的整体水平和竞争力。

第二节　新时代"住有所居"取得明显进展

一、"住有所居"深入发展

新时代我国在实现"住有所居"方面取得了显著成就，这些成就体现在多个方面，包括住房保障体系建设、城乡人居环境改善、建筑业发展以及政策制度完善等。

一是聚焦住房保障体系建设。我国住房保障体系建设加快完善，为百姓安居托底。累计建设各类保障性住房和棚改安置住房 8000 多万套，帮助 2 亿多群众解决了住房困难，建成了世界上最大的住房保障体系。特别是近年来，保障性租赁住房的建设和筹集力度加大，有效解决了新市民、青年人的住房问题。公租房运营管理不断加强，实物供给数量显著增加，货币补贴制度不断完善。棚户区改造累计开工 4300 多万套，帮助上亿棚户区居民改善了居住条件。到 2021 年底，已有 3800 多万困难群众住进了公租房。我国逐步健全了住房市场体系和住房保障体系，多主体供给、多渠道保障、租购并举的住房制度逐步完善，为人民群众提供了多样化的住房选择。

二是聚焦城乡人居环境改善。城镇老旧小区改造全面推进，累计开工改造老旧小区超过 16 万个，惠及居民超过 2900 万户。这些改造项目不仅提升了居民的居住条件，还促进了城市面貌的改善。乡村建设力度空前，农村人居环境得到大力整治。农村生活垃圾治理取得突破性进展，生活垃圾收运处理的自然村比例达到 90% 以上。同时，传统村落保护力度持续加大，大量历史建筑和传统民居得到保护传承。在脱贫攻坚战中，全国 2341.6 万户建档立卡贫困户实现住房安全有保障，历史性解决了农村贫困群众的住房安全问题。

三是聚焦建筑业的发展。我国建筑业转型升级步伐加快，从建造大国迈向建造强国。建筑业总产值和增加值持续增长，为国民经济提供了重要支撑。同时，工程设计建造水平显著提高，一批世界级标志性重大工程相继建成。建筑业在科技创新和绿色发展方面也取得了显著进展。通过推广新技术、新工艺和新材料，提高了建筑质量和施工效率。同时，绿色建筑和装配式建筑得到快速发展，为节能减排和环境保护作出了积极贡献。

四是聚焦政策制度完善。我国制定了一系列住房政策，旨在满足人民群众的住房需求。这些政策为房地产市场的稳定发展提供了有力保障。在法规制度建设方面，我国不断完善相关法律法规体系，加强了对房地产市场的监管和调控力度。同时，还加强了对住房保障工作的政策支持和资金投入力度，确保了住房保障工作的顺利推进。

上述这些成就，不仅为人民群众提供了更加舒适、便捷和安全的居住环境，而且也为经济社会的持续健康发展提供了有力支撑。

二、"住有所居"的典型案例

全国各地"住有所居"的典型案例分析，可以从多个维度进行探讨，包括政策实施、住房保障、社区建设等方面。

1.上海市共有产权保障住房政策

上海市作为我国经济最发达的城市之一，面临着高房价带来的住房压力。为了解决中低收入家庭的住房问题，上海市实施了共有产权保障住房政策。该政策允许符合条件的家庭购买部分产权的住房，剩余产权由政府或相关机构持有。购房家庭可以通过支付租金或逐步购买剩余产权的方式，最终实现完全拥有住房。这一政策有效缓解了中低收入家庭的住房压力，提高了他们的居住条件，同时也促进了房地产市场的健康发展。

2.北京市公租房政策

北京市作为首都，吸引了大量人口涌入，导致住房需求激增。为了保障低收入群体的住房需求，北京市大力发展公租房。通过新建、收购、租赁等多种方式筹集公租房房源，并面向符合条件的家庭进行配租。同时，还加大了对公租房的补贴力度，降低了低收入家庭的租房成本。公租房政策有效解决了低收入家庭的住房问题，提高了他们的生活质量。这一政策还有助于稳定房地产市场租金水平，防止租金过快上涨。

3.成都市老旧小区改造项目

成都市部分老旧小区存在基础设施落后、居住环境差等问题，影响了居民的居住品质。为了改善居民的居住条件，成都市启动了老旧小区改造项目。该项目包括改善小区道路、绿化、照明等基础设施，增设健身器材、儿童游乐设施等公共服务设施，以及对外墙、楼道等进行修缮和美化。同时，政府还鼓励居民参与改造过程，共同打造宜居的居住环境。老旧小区改造项目显著提升了居民的居住品质和生活幸福感。改造后的小区环境更加优美、设施更加完善，居民的生活质量得到了明显提高。

4.广州市住房租赁市场发展

广州市作为南方经济中心城市，住房租赁市场需求旺盛。为了促进住房租赁市场的健康发展，广州市采取了一系列措施。政府加大了对住房租赁市场的支持力度，包括提供租赁补贴、建设租赁住房等。同时，还加强了租赁市场监管，规范了租赁市场秩序。此外，广州市还积极推动"租购并举"的住房制度，鼓励居民通过租赁方式解决住房问题。这些措施有效促进了广州市住房租赁市场的健康发展，提高了居民的住房保障水平。同时，也为房地产市场的稳定发展提供了有力支撑。

综上所述，"住有所居"是全国上下共同努力的目标。通过实施一系列政策措施和开展各类住房保障项目，各地不断改善居民的居住条件和生活品质。

第三节　国内外"住有所居"的比较研究

国内外"住有所居"的比较研究是一个复杂而多维的议题，涉及政策体系、经济发展水平、社会制度等多个方面。

一是基于住房政策体系视角：我国政府将"住有所居"作为改善民生的重要目标和内容，致力于通过多种手段解决居民的住房问题。包括增加土地供应、安排专项资金、集中建设保障性租赁住房和共有产权住房等，以有效增加住房供给，特别是针对新市民、青年人和低收入群体的住房需求。在推动住房市场化发展的同时，政府也高度重视保障性住房的建设和管理，确保中低收入群体能够享受到适宜的住房条件。而国外不同国家根据自身的国情和经济发展水平，制定了各具特色的住房政策。例如，一些欧美国家通过税收优惠、住房补贴、公共住房建设等多种方式保障居民的住房权益。在住房政策实施过程中，政府通常与市场机制相结合，既发挥政府在规划、监管和保障方面的作用，又充分利用市场机制在资源配置中的效率优势。一些国家还注重住房政策的长期规划和短期调控相结合，以确保住房市场的稳定和发展。

二是基于住房市场状况视角：在我国一些大城市和热点地区，房价一度持续上涨给居民带来了较大的购房压力。随着城镇化进程的加快和人口流动的增加，住房供需矛盾突出，特别是在一些大城市和人口密集地区。不同城市和地区的住房市场呈现出明显的分化趋势。而国外许多发达国家的住房市场已经相对成熟和稳定，房价波动较小且受到较为严格的监管。通过多年的发展和调控，这些国家的住房市场基本实现了供需平衡或略有供过于求的状态。居民在购房或租房时有更多的选择和机会，可以根据自己的经济状况和居住需求来选择合适的住房。

三是基于住房保障制度视角：我国政府大力推进保障性住房建设，包括廉租房、公租房、经济适用房等多种类型，以满足不同收入群体的住房需求。通过提供贷款利息优惠、税收减免、财政补贴等多种政策支持手段，降低居民的购房和租房成本。建立健全的住房保障管理机制，确保保障房资源得到公平合理的分配和使用。而国外一些国家采取包括公共住房、住房补贴、租金控制等多种保障措施。他们对保障房申请者的资格进行严格的审核和评估，确保有限的住房资源能够真正惠及到需要帮助的群体；同时建立合理的退出机制，避免资源的浪费和滥用。还有一些国家在住房保障政策制定和实施过程中注重长期效果和社会公平性，通过持续的投入和监管来确保住房保障制度的稳定和可持续发展。

为了推动住房事业的可持续发展，我国应继续加强住房政策的制定和实施力度，加大保障型住房的建设和管理力度，完善住房市场调控机制，加强国际合作与交流等。同时还需要注重提高居民的收入水平和消费能力，加强住房金融创新和风险防控，推动住房产业的转型升级等方面的工作。

第四节　联合国及其所属机构关于"住有所居"的主要观点

联合国及其所属机构关于"住有所居"的主要观点研究，可以从以下几个方面进行归纳：

一、全球住房发展目标

联合国在 2015 年发布的《2030 年可持续发展议程》中，明确提出了"到 2030 年，确保人人获得适当、安全和负担得起的住房和基本服务，并改善贫民窟"的住房发展目标。这一目标旨在建设包容、安全、有抵御灾害能力和可持续的城市和人类住区。

二、具体行动与措施

2016 年第三届联合国住房和城市可持续发展大会进一步聚焦全球住房发展目标,提出改造现有住房和扩大住房存量,以减少在质量和数量上存在的住房短缺。同时,大会还强调改善目前在非正规住区生活的城市人口的生活条件,并确保到 2030 年新增的全球人口的住房机会。国际住房政策的另一个重要进展是越来越关注住房政策执行情况的评价。这包括将包容性、效率、可持续等要求细分为具体的指标,进行定量的评价。

三、强调公平与包容性

联合国及其有关机构强调住房政策的包容性,即要确保不同社会经济地位的人群都能获得适当的住房。这包括低收入家庭、老年人、残疾人等特殊群体。

四、促进国际合作与交流

联合国鼓励各国在住房保障领域加强国际合作与交流,共同应对全球住房挑战。通过分享经验、技术和资金等资源,推动全球住房条件的改善和可持续发展目标的实现。

综上所述,联合国及其有关机构关于"住有所居"的主要观点包括明确全球住房发展目标、采取具体行动与措施、强调公平与包容性以及促进国际合作与交流等方面。这些观点共同构成了推动全球住房条件改善和可持续发展目标实现的重要基础。

第五节　持续推动"住有所居"向前发展

我国"住有所居"的重大政策主要体现在以下几个方面：

一是关于保障性住房建设。2023年12月召开的中央经济工作会议强调，要加快推进保障性住房建设。这是完善住房制度的重要内容，旨在解决低收入群体的基本住房需求。各地政府积极响应，通过新建、收购、租赁等多种方式筹集保障性住房房源，确保住房供应的多样性和充足性。中国人民银行设立保障性住房再贷款，鼓励金融机构支持地方国有企业以合理价格收购已建成存量商品房用作保障性住房配售或租赁。这一举措有助于通过市场化方式加快推动存量商品房去库存，同时加大保障性住房供给。住房城乡建设部也明确推动县级以上城市有力有序有效开展收购已建成存量商品房用作保障性住房工作，进一步落实相关政策精神。

二是关于住房租赁市场发展。政府加强了对住房租赁市场的监管，规范了市场秩序。例如，广州市开展了住房租赁资金监管工作，要求住房租赁企业在商业银行中设立资金监管账户，确保租金和押金的安全。各地还积极推动住房租赁立法，为租赁市场的健康发展提供法律保障。政府鼓励和支持企事业单位、社会主体等参与租赁住房建设，增加租赁住房供应。同时，也通过提供税收优惠、土地供应等政策支持租赁住房的发展。

三是关于住房公积金政策。住房城乡建设部、财政部、中国人民银行联合发布相关政策，支持缴存人解决基本住房问题。住房公积金缴存额持续增长，提取和使用也更加便捷。各地还加大了租房提取支持力度，鼓励新市民、青年人等群体全额提取住房公积金支付房租。中国人民银行下调个人住房公积金贷款利率，进一步减轻缴存人的贷款负担。多地也跟随下调了个人住房公积金贷款利率。

四是关于"合村并居"与农村住房改善。2024 年，随着"合村并居"新政策的推出，农村地区迎来变革。政府通过优化农村居住环境，促进农村经济的转型升级和社会结构的优化。这一政策不仅关注物质层面的提升，更关乎社会结构、文化传承和个人身份的重塑。在实施过程中，政府尊重农民的选择权，确保公平合理的补偿机制，并提供必要的生活来源和生产方式转变支持。

第六节　加快建立租购并举的住房制度

党的二十届三中全会要求："加快建立租购并举的住房制度，加快构建房地产发展新模式。加大保障性住房建设和供给，满足工薪群体刚性住房需求。支持城乡居民多样化改善性住房需求。充分赋予各城市政府房地产市场调控自主权，因城施策，允许有关城市取消或调减住房限购政策、取消普通住宅和非普通住宅标准。改革房地产开发融资方式和商品房预售制度。完善房地产税收制度。"加快建立租购并举的住房制度是当前我国房地产市场发展的重要方向，旨在满足不同层次、不同需求的居民住房需求，促进房地产市场的平稳健康发展。

一要完善政策体系。政府应发挥主导作用，通过增加土地供应、调整住房供应结构等方式，确保住房市场的稳定和健康发展。鼓励国有企业、民营企业、社会组织等多种主体参与住房供给，形成多元化的住房供应体系。建立健全公共租赁住房、共有产权房、住房租赁补贴等住房保障制度，为低收入群体和特殊群体提供住房保障。完善住房公积金制度，提高住房公积金的覆盖率和使用效率，增强职工的住房消费能力。

二要推动租赁市场发展。推动住房租赁规模化、专业化发展。完善租赁市场监管机制，加强对住房租赁市场的监管和调控，防止市场出现大起大落。建立健全租购同权制度，确保租房者在享受公共服务等方面与购房者享有同等待遇。

三要加强法律保障。加快制定和完善住房租赁相关法律法规，为租购并举住房制度提供法律保障。加强对住房租赁市场的执法力度，打击违法违规行为，维护市场秩序。

四要促进市场健康发展。加强各部门之间的政策协同和配合，确保各项政策措施相互衔接、形成合力。提高公众对租购并举住房制度的认识和理解，营造良好的社会氛围。建立健全住房市场监测预警和应急处置机制，及时发现和解决市场运行中的问题。

五要学习国际先进经验。借鉴国际上在住房租赁市场、住房保障制度等方面的先进经验，结合我国国情进行创新和应用。

综上所述，加快建立租购并举的住房制度，需要通过政府、企业和社会各方的共同努力和协作，逐步建立起符合我国国情的住房制度体系。

本章参考文献：

［1］程小红. 多地集中开工建设配售型保障住房　助力工薪收入群体实现住有所居 [J]. 城乡建设，2024（6）.

［2］陈杰. 让全体人民住有所居、居有所安 [J]. 人民论坛，2024（5）.

［3］林李月，朱宇."住有所居"对流动人口定居意愿的影响——基于非正规产权房的视角 [J]. 西北人口，2024（1）.

［4］李晓红. 住房保障体系逐步完善　让更多市民"住有所居"[N]. 中国经济时报，2024-01-22（4）.

［5］杨阳腾. 创新融资模式　探索住有所居 [N]. 经济日报，2023-04-18（9）.

［6］李国. 从"住有所居"到"住有优居"[N]. 工人日报，2023-12-26（7）.

［7］陈敬安，樊光义，易成栋. 住有所居的实现与深化："房住不炒"的浙江方案 [J]. 学习与实践，2022（4）.

［8］卢华翔."住有所居"的目标内涵和量化指标 [J]. 中国房地产，2021（34）.

第十三章　完善"弱有所扶"制度建设

"弱有所扶"是一个重要的社会政策理念，它主要关注的是社会中的弱势群体，旨在通过一系列的政策和措施，改善他们的生活状况，提升他们的自我发展能力，使他们能够更好地融入社会并享受社会发展的成果。

第一节　党和政府一直高度重视"弱有所扶"

"弱有所扶"是指对社会上的弱势群体给予关心、帮助和扶持，使他们在政治、经济、文化和社会等各个领域得到平等的对待和机会，从而改善他们的生活状况，提高他们的生活质量。这一理念体现了社会主义的公平正义和人文关怀。

"弱有所扶"中的"弱"指的是社会中的弱势群体，他们可能由于生理、心理、经济、社会等多种原因而处于不利地位。这些群体包括但不限于低收入家庭、残疾人、老年人、儿童、失业人员、贫困地区的居民等。

"弱有所扶"理念的提出和实施，具有以下重要意义和价值：一是通过关注和支持弱势群体，缩小社会成员之间的贫富差距和机会差距，促进社会公平正义的实现。二是改善弱势群体的生活状况，提高他们的生活质量，有助于减少社会矛盾和冲突，构建和谐稳定的社会环境。三是关注弱势群体的生存和发展需求，体现了社会主义的人文关怀和道德责任。四是通过提高弱势群体的自我发展能力和社会参与度，激发他们的创造力和活力，为经济社会发展注入新的动力。

第二节　新时代"弱有所扶"取得实质性进展

一、新时代我国"弱有所扶"取得的成就

新时代我国"弱有所扶"取得的成就显著，主要体现在以下几个方面：

一是政策体系不断完善。我国建立和完善了以社会保险、社会救助、社会福利为基础，以基本养老、基本医疗、最低生活保障制度为重点，以慈善事业、商业保险为补充的社会保障体系，为弱势群体提供了基本的生活保障。针对特定弱势群体，如残疾人、孤儿、老年人等，出台了多项专项救助政策，如困难残疾人生活补贴和重度残疾人护理补贴制度、农村留守儿童关爱保护制度等，确保他们得到更加精准和有效的帮扶。

二是资金投入力度加大。中央和地方财政不断加大对社会救助的投入力度，确保各项救助政策得到有效落实。例如，中央财政每年安排大量资金用于困难群众救助补助，确保低保、特困等救助对象的基本生活得到保障。

三是救助范围和标准不断扩大和提高。随着经济社会的发展，我国不断将符合条件的困难群众纳入救助范围，确保应保尽保、应救尽救。根据经济社会发展水平和物价变动情况，适时提高救助标准，确保救助对象的基本生活水平不降低。

四是社会救助服务能力显著提升。加强社会救助信息化建设，推动救助申请、审核、审批等流程线上办理，提高救助效率和服务水平。加强基

层社会救助经办服务能力建设，确保基层有人办事、有钱办事、有地方办事。积极引导社会力量参与社会救助，形成政府主导、社会参与、慈善补充的多元救助格局。

五是特殊群体得到重点关爱。推动养老服务体系建设，加强老年人关爱服务，提高老年人的生活质量。完善残疾人社会保障制度和关爱服务体系，促进残疾人事业全面发展。加强儿童福利和未成年人保护工作，确保儿童健康成长。

二、"弱有所扶"的典型案例

全国各地在"弱有所扶"方面涌现出许多典型案例，这些案例不仅体现了党和政府对弱势群体的深切关怀，也展示了社会救助工作的创新与实践。

1. 彭某与李某婚姻家庭纠纷执行案

申请执行人彭某与被执行人李某离婚纠纷一案中，李某未按时足额支付抚养费，彭某多次申请强制执行。经法院查询，李某暂无财产可供执行，但彭某及其子彭小某生活困难。法院采取"司法救助＋长效帮扶"措施，一方面引导彭某申请司法救助；另一方面协调当地党委、政府为彭某安排公益性岗位，改善其收入结构。该措施有效保障了彭某及其子的基本生活，传递了司法温情，维护了社会和谐稳定。

2. 重庆某食品公司责令退赔案

重庆某食品公司因犯罪被查封，欠付 17 名农民工工资 9 万余元。农民工未通过仲裁、诉讼等方式主张权利，但一直关注公司动态。法院在执行过程中发现欠薪问题，利用"一街镇一法官"平台主动联系政府共同会商，通过"司法＋行政"方式化解矛盾。政府组织多部门核实欠薪情况，法院与抵押银行、受害人等沟通，最终达成优先兑付农民工工资的一致意见。该案在春节前将工资发放到农民工手中，解决了困扰他们十年的问题，切实维护了农民工的合法权益。

3.康某与丁某离婚案

康某患有精神分裂症，与丁某登记结婚后，丁某离家出走并拒绝回家。康某为结束婚姻寻求法律援助。法律援助中心受理并指派律师承办此案。律师指导康某家属提起特别程序，宣告康某为限制民事行为能力人并变更监护人。随后向法院提起诉讼，要求判决离婚。经过审理，法院当庭宣判离婚，有效维护了康某的合法权益。

4.昆山市救助管理站救助流浪乞讨人员

昆山市救助管理站长期致力于流浪乞讨人员的救助管理工作。救助管理站提供无偿救助服务，包括通信、站内照料、托养、返乡乘车凭证等。同时，积极开展冬夏两季街头主动救助，为流浪乞讨人员提供御寒物资或防暑物品。多年来，救助管理站共向流浪乞讨人员提供无偿救助数千人次，有效保障了他们的基本生活权益。

上述这些典型案例展示了全国各地在"弱有所扶"方面的积极探索和有效实践。通过司法救助、善意文明执行、府院联动、法律援助以及流浪乞讨人员救助管理等多种方式，为弱势群体提供了全方位的保障和支持。

第三节　国内外"弱有所扶"的比较研究

国内外在"弱有所扶"方面的不同主要体现在政策体系、实施效果、社会支持网络等多个方面。

一是基于政策体系视域：我国"弱有所扶"政策体系以自然、经济和社会弱势群体为政策对象，由保护政策和预防政策构成。近年来，国家出台了一系列政策文件，如《"十四五"公共服务规划》，明确了"弱有所扶"的服务对象、服务内容和服务标准。政策体系在兜底保障方面发挥了重要作用，但仍面临政策交叉缺漏、主体定位不清、保障不足不公等难点。随着经济社会的发展，政策体系不断完善，逐步向高质量发展转型，注重提升弱势群体的自救发展能力。发达国家在"弱有所扶"方面往往拥有较为完善的政策体系，如美国、英国等。这些国家的政策体系不仅涵盖了基本生活保障，还注重弱势群体的教育、就业、医疗等多方面的支持。政策制定更加精细化，针对不同群体的需求和特点制定差异化的政策措施。政策执行和监督机制健全，确保政策的有效落地和持续改进。

二是基于实施效果视域：近年来，我国在"弱有所扶"方面取得了显著成效，如残疾人事业的快速发展、贫困人口的全面脱贫等。但仍存在部分弱势群体生活困难、保障水平不高等问题。发达国家通过长期投入和持续改进，形成了较为稳定的社会保障体系，有效降低了弱势群体的生活风险。

三是基于社会支持网络视域：我国在构建社会支持网络方面取得了一定进展，如志愿服务、慈善捐赠等社会力量的参与日益增多。但仍需加强社会支持网络的广度和深度，提高社会力量的参与度和影响力。发达国家的社会支持网络相对完善，包括政府、非政府组织、企业、社区和个人等多个层面的参与。这些国家注重培养公民的社会责任感和参与意识，形成了良好的社会氛围和互助机制。

综上所述，我国应继续完善政策体系、提高实施效果、加强社会支持网络建设，以更好地保障弱势群体的权益和福祉。

第四节　国际组织关于"弱有所扶"的主要观点

一、联合国及其所属机构关于"弱有所扶"的主要观点

一是关注弱势群体与公平发展。联合国及其所属机构将"弱有所扶"

的重点放在社会上的弱势群体上，包括贫困人口、老年人、残疾人、儿童、妇女等。这些群体由于经济、社会、身体等多方面的原因，往往面临更大的生活困难和挑战。强调在发展过程中要关注弱势群体的利益，确保他们能够平等地参与社会发展，共享发展成果。通过制定和实施相关政策，促进弱势群体的自我发展和能力提升，逐步缩小与其他社会群体之间的差距。

二是推动社会保障体系完善。联合国及其所属机构鼓励各国建立和完善社会保障体系，为弱势群体提供基本的生活保障和福利支持。这包括养老、医疗、失业、工伤、生育等社会保险制度以及社会救助、社会福利等制度。强调政策制定后的重要性在于落实，确保各项社会保障政策能够真正惠及弱势群体。通过加强政策宣传、提高政策执行效率、加强监管等措施，确保政策目标的实现。

三是支持减贫与扶贫项目。联合国及其所属机构在全球范围内推动减贫事业，将减少贫困作为实现"弱有所扶"的重要途径。通过提供资金、技术、人才等支持，帮助发展中国家和地区改善基础设施、发展产业、提高教育水平等，从而增强贫困人口的自我发展能力。实施了一系列针对弱势群体的扶贫项目，包括产业扶贫、教育扶贫、健康扶贫等。这些项目旨在通过改善贫困地区的生产生活条件、提高贫困人口的收入水平、增强贫困人口的自我发展能力等途径，实现贫困人口的脱贫致富。

四是促进国际合作与交流。联合国及其所属机构强调在"弱有所扶"领域加强国际合作与交流的重要性。通过与国际组织、各国政府、非政府组织等合作，共同应对全球性的贫困、失业、疾病等挑战，推动全球范围内弱势群体的保护和发展。鼓励各国分享在"弱有所扶"方面的成功经验和做法，以便其他国家借鉴和参考。同时，也通过国际论坛、研讨会等形式，促进各国之间的交流和合作，共同推动全球弱势群体的保护和发展事业。

五是强调可持续发展与韧性建设。联合国及其所属机构将"弱有所扶"与可持续发展紧密联系起来，强调在推动弱势群体保护和发展的过程中要注重生态环境的保护和资源的合理利用。通过推动绿色发展、循环发展等方式，实现经济、社会和环境的协调发展。在应对自然灾害、经济危机等突发事件时，强调要加强弱势群体的韧性建设。通过提高弱势群体的自我保护能力、加强社会保障体系的应急响应能力等措施，确保弱势群体在面临风险时能够得到及时有效的支持和保障。

二、国际社会保障协会关于"弱有所扶"的主要观点

国际社会保障协会（International Social Security Association，ISSA）从社会保障的普遍原则和协会的使命、活动等方面来间接阐述其对弱势群体的关注和支持。

一是国际社会保障协会倡导的原则。社会保障制度应遵循普遍性原则，即覆盖所有社会成员，无论其经济状况、社会地位如何。这一原则体现了对弱势群体的特别关照，确保他们不会因为经济困难而无法获得必要的社会保障。社会保障制度在保障全体人民基本生活需求方面发挥着托底作用。对于弱势群体而言，这种托底功能尤为重要。它能够在他们面临生活困境时提供必要的支持和帮助，防止他们陷入更加艰难的境地。

二是国际社会保障协会的使命与活动。国际社会保障协会致力于推动世界各国社会保障制度的发展和完善，通过组织研讨会、培训班、研究项目等活动，促进成员国之间在社会保障领域的交流与合作。协会在推动社会保障制度建设的过程中，一直关注弱势群体的权益保护问题。它倡导建立包容性的社会保障体系，确保包括弱势群体在内的所有人都能享受到社会保障的覆盖。

三是国际社会保障协会对弱势群体的具体支持。协会通过提供技术支持和培训项目，帮助成员国提高社会保障制度的运行效率和覆盖面，特别

是针对弱势群体的保障措施。这有助于提升成员国在保障弱势群体权益方面的能力。协会组织政策研究和交流活动，鼓励成员国分享在保障弱势群体权益方面的经验和做法。这有助于各国相互借鉴和学习，共同推动全球社会保障事业的发展。

总而言之，国际社会保障协会通过推动全球社会保障制度的发展和完善，以及提供技术支持、培训项目和政策研究交流等具体行动，协会为实现"弱有所扶"的目标作出了积极贡献。

第五节　持续推动"弱有所扶"不断发展

我国"弱有所扶"的重大政策主要体现在多个方面，旨在通过一系列的政策和措施，改善弱势群体的生活状况，提升他们的自我发展能力，并促进社会公平正义。

一是聚焦社会保障体系：确保基本养老、基本医疗、工伤、失业、生育保险等社会保险制度覆盖全体城乡居民，特别是加强对灵活就业人员、农民工等群体的参保工作。提高社会保险待遇水平，确保退休人员基本养老金按时足额发放，完善基本医疗保险制度，减轻群众就医负担。建立分层分类、城乡统筹的社会救助体系，确保符合条件的困难群众能够及时得到救助。完善最低生活保障制度，确保低保对象基本生活有保障。实施特困人员救助供养制度，为无劳动能力、无生活来源、无法定赡养抚养扶养义务人或者其法定义务人无履行义务能力的老年人、残疾人以及未成年人提供基本生活保障。

二是聚焦特殊群体关爱政策：推动养老服务体系建设，加强居家、社区、机构养老服务融合发展。实施老年人能力评估制度，为老年人提供个性化、精准化的养老服务。加强老年人健康管理和医疗服务，提高老年人健康水平。完善残疾人社会保障制度和关爱服务体系，落实残疾人两项补贴制度（困难残疾人生活补贴和重度残疾人护理补贴）。推动无障碍环境建设，为残疾人出行、就业、学习等提供便利条件。加强残疾人康复服务和就业支持，提高残疾人自我发展能力。加强儿童福利和未成年人保护工作，确保儿童健康成长。实施孤儿、事实无人抚养儿童等困境儿童保障政策，为他们提供生活、教育、医疗等方面的支持。加强农村留守儿童关爱保护和困境儿童保障工作，建立健全关爱服务体系和救助保护机制。

三是聚焦其他相关政策：通过乡村振兴，巩固拓展脱贫攻坚成果，建立健全防止返贫监测和帮扶机制。实施就业优先战略和积极就业政策，加强职业技能培训和创业指导服务，促进失业人员和就业困难人员实现就业与创业。加强对农民工等群体的就业服务保障工作，维护他们的合法权益。推动教育资源均衡配置，加大对农村和贫困地区教育投入力度，确保每个孩子都能享有公平而有质量的教育。实施特殊教育提升计划等专项行动，加强对残疾儿童等特殊群体的教育保障工作。

上述这些重大政策体现了我国政府对弱势群体的高度关注和重视，通过不断完善政策体系、加大投入力度、创新服务方式等措施，努力实现弱有所扶的目标。

第六节　健全社会救助体系

党的二十届三中全会要求"健全社会救助体系"。健全社会救助体系是保障和改善民生的重要措施，对于促进社会公平、维护社会稳定具有重要意义。下面就下一步如何健全社会救助体系谈一些学习体会。

一要完善社会救助制度框架。加快构建覆盖全面、城乡统筹、分层分类、综合高效的社会救助格局，推动社会救助从"保生存"向"防风险""促发展"转变。深化低保、特困供养、临时救助等制度的实施，完善各类救助对象的认定标准和程序，确保应救尽救、应保尽保。加强社会救助与扶贫、教育、医疗、住房等专项救助制度的衔接，形成救助合力。强化部门间信息共享和协作机制，提高救助效率和精准度。

二要加强救助对象动态管理和服务。利用大数据、云计算等现代信息技术手段，拓展低收入人口动态监测信息平台的功能应用，强化监测预警和数据分析能力。及时掌握救助对象的变化情况，为精准救助提供数据支持。针对不同救助对象的需求，制订个性化的救助方案和服务计划。加强对救助对象的日常管理和跟踪服务，确保其基本生活得到有效保障。

三要提升救助服务质量和水平。制定发展服务类社会救助政策措施，推动社会救助由资金救助、实物救助向服务救助拓展。引入专业社会工作力量，为救助对象提供心理疏导、能力提升等多元化服务。加大救助服务设施建设投入力度，提升救助服务设施的硬件水平。加强救助服务设施的日常管理和维护，确保其正常运行和发挥作用。

四要动员社会力量参与社会救助。完善慈善组织参与社会救助的机制和渠道，鼓励和支持慈善组织在社会救助中发挥积极作用。加强慈善组织的监管和评估工作，确保其规范运作和公开透明。倡导社会各界积极参与社会捐赠和志愿服务活动，为困难群众提供物质帮助和精神慰藉。建立健全社会捐赠和志愿服务的激励机制和保障措施，激发社会各界的参与热情。

五要加强监督和评估工作。加强对社会救助工作的监督检查力度，确保各项政策措施得到有效落实。建立健全社会救助工作问责机制，对失职渎职行为进行严肃处理。定期开展社会救助绩效评估工作，评估救助政策实施效果和服务质量。根据评估结果及时调整、完善救助政策和服务措施，提高救助工作的针对性和实效性。

总之，健全社会救助体系需要从制度框架、救助对象管理、服务质量提升、社会力量参与以及监督和评估等多个方面入手，形成政府主导、社会参与、多元共治的社会救助工作格局。

本章参考文献：

[1] 胡宏伟，陈一林，邓佳."弱有所扶"高质量发展：架构分析、体系评价与改进路径 [J]. 中国行政管理，2023（10）.

[2] 朱萌. 弱有善扶视角下的相对贫困治理：生成逻辑、现实困境和对策建议 [J]. 南京工程学院学报（社会科学版），2023（3）.

[3] 胡玉鸿. 新时代民生保障法治中的"弱有所扶"原则 [J]. 法学家，2022（5）.

[4] 李迎生，刘庆帅. 生命历程理论视野下我国社会政策的创新发展——围绕民生建设"七有"目标的分析 [J]. 江苏行政学院学报，2021（1）.

[5] 易艳阳，周沛. 缘情共同体：农村弱势群体支持中的情感逻辑——基于对两个助残扶贫案例的分析 [J]. 青海社会科学，2020（6）.

[6] 陈成文，王雅妮，何培. 发展慈善事业与实现新时代的"弱有所扶" [J]. 中州学刊，2020（10）.

[7] 侯晶晶. 残疾儿童从未上学现象的影响因素与对策研究——基于精准扶贫的视角 [J]. 南京师大学报（社会科学版），2020（4）.

[8] 张浩淼，仲超. 新时代社会救助理念目标、制度体系与运行机制 [J]. 西北大学学报（哲学社会科学版），2020（4）.

[9] 辛向阳. 以成熟定型的制度满足人民对美好生活的向往 [J]. 思想理论教育导刊，2020（6）.

第十四章　完善优军服务保障制度建设

优军服务保障是指国家和社会为退役军人、残疾军人、烈士遗属、因公牺牲军人遗属、病故军人遗属等优抚对象提供的一系列优待、抚恤、安置、就业创业支持以及特殊群体集中供养等服务的总称。这一服务保障体系旨在保障优抚对象的合法权益，提高他们的生活质量和社会地位，增强他们的荣誉感和归属感。

第一节　党和政府一直高度重视优军服务保障

一、优军服务保障的丰富内涵

具体来说，优军服务保障包括以下几个方面：

一是优待抚恤。主要为符合条件的优抚对象发放抚恤金、优待金、生活补助等，以减轻他们的经济负担。这些资金的发放标准通常根据《军人抚恤优待条例》及国家其他有关规定执行，由国务院和地方各级人民政府分级负担。

二是退役军人安置。主要对于计划分配到各地的军队转业干部和由政府安排工作的退役士兵，各地需要严格按照相关政策规定进行接收和安置。

这包括为他们提供合适的就业岗位、进行职业培训和适应性培训等。

三是退役军人就业创业服务。主要为退役军人提供就业指导和创业支持服务，包括组织专场招聘会、提供职业技能培训、创业项目指导等。这些服务旨在帮助退役军人提升就业竞争力，实现自主就业创业。

四是特殊群体集中供养。主要对于老年、残疾或者未满 16 周岁的烈士遗属、因公牺牲军人遗属、病故军人遗属和进入老年的残疾军人、复员军人、退伍军人等特殊群体，如果无法定赡养人、扶养人或者法定赡养人、扶养人无赡养、扶养能力的，可以申请享受光荣院集中供养待遇。

五是其他服务。此外，优军服务保障还包括为优抚对象提供医疗保障、子女教育优待、住房保障等多方面的服务。这些服务的具体内容和标准可能因地区和政策的不同而有所差异。

总的来说，优军服务保障是国家和社会对优抚对象的一种特殊关怀和照顾，旨在通过一系列的政策和措施来保障他们的合法权益和生活质量。这些服务的实施不仅有助于增强优抚对象的荣誉感和归属感，也有助于促进社会的和谐稳定和繁荣发展。

二、党和政府高度重视优军服务保障

党和政府一直高度重视优军服务保障，这体现了国家对军人的深切关怀和对国防事业的高度重视。优军服务保障是维护军人合法权益、增强军人职业吸引力、促进国防和军队现代化建设的重要举措。

第一，通过制定和完善一系列法律法规和政策文件，为优军服务保障提供了坚实的制度保障。这些法律法规和政策文件明确了优抚对象的范围、优待抚恤的标准、安置就业的原则等，为开展工作提供了明确的指导和依据。

第二，不断加大财政投入力度，提高优军服务保障水平。通过中央和地方财政共同承担的方式，为优抚对象提供抚恤金、优待金、生活补助等资金支持。同时，还积极推动退役军人就业创业、提供医疗保障、住房保障等多方面的服务，确保优抚对象的基本生活得到保障。

第三，注重加强宣传教育，营造全社会关心支持国防和军队建设的良好氛围。通过举办各种形式的宣传活动、表彰先进典型等方式，增强全社会对军人的崇敬之情和对国防事业的关注与支持。

第四，积极推动军民融合发展，促进军队和地方在经济、科技、文化等领域的交流合作。这不仅有助于提升军队的现代化建设水平，也有助于带动地方经济发展和社会进步，实现军民双赢。

总之，党和政府一直高度重视优军服务保障工作，不断提升优军服务保障水平，为军人及其家庭提供更加全面、优质的服务和保障。

第二节　新时代优军服务保障成果显著

一、新时代优军服务保障不断发展

新时代优军服务保障是一个涉及多个方面的综合性课题，旨在通过一系列措施和政策，提升对退役军人的服务保障水平，使他们能够更好地融入社会、发挥价值。

一是关于政策背景与指导思想。党的二十大报告明确提出"加强军人军属荣誉激励和权益保障，做好退役军人服务保障工作"，这为新时代优军服务保障工作指明了方向。以习近平新时代中国特色社会主义思想为指导，深入贯彻党中央关于退役军人工作的决策部署，坚持以退役军人为中心，紧贴退役军人需求，维护退役军人合法权益。

二是关于主要措施与成效。加快建成新型退役军人服务保障体系，建立统一服务保障体系，强化党中央对退役军人保障管理工作的集中指导，鼓励各个部门相互配合，要求地方政府负责，促使社会团体积极参与其中。努力优化和统筹退役军人管理工作职能，合理分配监督权、执行权、决策权等。推动标准化建设，如深圳市福田区退役军人事务局构建的"10+1"优军服务保障标准体系，通过制定统一明确的服务内容、执行标准和政策指引，提升服务保障水平。提升就业创业服务水平，创新就业服务模式，如靖江市退役军人事务局打造的"靖荣归"退役军人兴业品牌，通过组织主题招聘、实施"协议用工＋定岗培训"推荐就业新模式、举办技能培训等措施，为退役军人高质量就业创业提供精准服务。建设创新创业基地，如深圳市福田区建设了退役军人高新技术创新创业基地，为退役军人提供空间服务、政务服务、创业辅导等一站式服务，促进退役军人高质量就业创业。

三是关于落实各项优待政策。探索"直通车"式安置方式，确保退役军人得到妥善安置，实现"安置对象、接收单位、部队组织"三满意。推进"一件事"办理模式，集成多项服务事项，实行"一站式报到、一条龙服务、十分钟办结"，提高办事效率。丰富优待证使用场景，推进"两公双免"优待政策落地，不断提高优待证的"含金量"。

四是关于加强档案管理与服务。建设智能档案室，如深圳市福田区按照国际标准建设 24 小时智能恒温恒湿调控档案室，实行全数字化管理，提升档案管理水平。集中管理退役军人档案，对散落在各街道的退役军人档案实行集中管理，为退役军人档案电子化、系统化、规范化管理利用探索路径。

总之，新时代优军服务保障是一项持续深化的过程，通过不断完善服务保障体系、提升就业创业服务水平、落实各项优待政策等措施，可以更好地保障退役军人的合法权益和利益，让他们在社会中发挥更大的作用和价值。

二、优军服务保障的典型案例

全国各地优军服务保障的典型案例丰富多样，以下是调研和梳理的一些具体案例及其特点分析：

1. 广东省退役军人服务保障工作

广东省在退役军人服务保障工作方面取得了显著成效，构建了"如臂使指""如数家珍""如沐春风""如鱼得水"的"四如"服务保障体系。该体系通过一系列具体措施，扎实推动退役军人服务保障体系建设高质量发展。一是围绕服务体系建设，全省建成退役军人服务中心（站）超 2.7 万个，县、镇两级 100% 创建全国示范型服务中心（站），1720 个基层站点获评广东星级站点。组建专兼职工作人员队伍约 5 万人，提供全方位服务。二是积极开展服务活动，佛山市南海区组织镇、村两级退役军人服务体系工作人员前往机场、高铁站等地举行老兵迎接仪式，迎接春季退役军人返乡，并邀请军属见证这一光荣时刻。全省各级服务大厅累计提供服务159.5 万人次，通过"四尊崇""五关爱""六必访"等措施，体现全心全意为退役军人服务的宗旨。三是围绕出台政策文件与开展培训，出台多项政策文件，如服务中心（站）工作细则、能力提升三年行动计划等，明确不同层级的服务清单。着力打造全省退役军人服务中心（站）培训体系，开发线上学习平台，涵盖政策法规、业务知识等多元板块，累计培训超 10 万人次。四是围绕特殊服务与应急救助，设立 10 亿元退役军人应急救助资金，帮助解决退役军人和其他优抚对象实际难题，截至 2024 年 5 月 21 日，累计救助服务对象 8101 人，救助资金达 1.99 亿元。成立"老兵调解室"，发挥"老班长"作用，引导退役军人依法理性反映诉求，帮助他们解决问题。

2. 山西省检察机关保障军人军属合法权益

山西省检察机关与军事检察机关不断加强业务合作，通过支持起诉、民事执行监督等方式，切实保障军人军属合法权益。一是支持起诉。在李某某等 10 名现役军人教育培训合同纠纷案中，太原市迎泽区检察院依法支持起诉，通过调解方式成功帮助军人追回教育培训费。二是加强民事执行监督。在李某某申请执行监督案中，应县检察院针对法院消极执行行为发出检察建议，促使法院恢复执行程序，并最终通过以物抵债方式保障军属合法权益。

全国各地在优军服务保障方面涌现出许多典型案例，这些案例通过构建完善的服务体系、提供精准化服务、加强人文关怀和军地协作等措施，有效保障了军人军属的合法权益。这些做法为其他地区提供了有益借鉴和参考。

第三节　国内外优军服务保障的比较研究

国内外优军服务保障的比较研究，可以从多个维度进行深入分析。

一是基于政策体系视角：我国政府高度重视退役军人事务，近年来出台了一系列法律法规和政策文件，如《中华人民共和国退役军人保障法》等，为退役军人服务提供了法律保障。各级政府和退役军人事务部门积极落实相关政策，推动退役军人服务保障工作不断向前发展。许多发达国家如美国、俄罗斯等，拥有较为完善的退役军人服务政策体系，这些政策涉及退役军人的安置、就业、医疗、教育等多个方面。这些国家通过立法形式，明确了退役军人的权益和保障措施，确保政策的有效执行。

二是基于服务内容视角：我国政府为退役军人提供了多种安置方式，包括自主就业、政府安排工作等，并加强了对退役军人的就业创业扶持。为退役军人及其家庭提供抚恤金、优待金等经济补助，以及医疗、住房等方面的优待政策。鼓励和支持退役军人参加教育培训，提升职业技能和学历水平。发达国家通常设有专门的退役军人就业服务机构，为退役军人提供职业规划、就业指导、技能培训等服务。除了经济补助外，还提供全面的社会保障服务，如医疗保险、养老保险等。重视退役军人的心理健康问题，提供心理咨询、心理干预等服务。

三是基于服务质量视角：我国已初步建立起覆盖全国的退役军人服务网络，包括各级退役军人事务部门、服务中心（站）等。随着政策的不断完善和服务机构的健全，退役军人服务水平不断提高。但仍存在部分地区服务设施不足、服务人员素质不高等问题。发达国家通常拥有较为完善的服务体系，包括专业的服务机构、高素质的服务人员以及先进的服务设施。服务质量普遍较高，能够满足退役军人的多样化需求。

四是基于资金保障视角：我国政府逐年增加对退役军人事务的财政投入，确保各项政策得到有效落实。鼓励社会力量参与退役军人服务保障工作，形成多元化的资金来源渠道。发达国家通常将退役军人事务纳入国家财政预算，确保资金充足。除了政府财政支持外，还积极接受社会捐赠和赞助，用于改善退役军人服务设施和提高服务质量。

综上所述，未来，我国应继续加强政策体系建设、丰富服务内容、提高服务质量和加强资金保障等方面的工作，借鉴国外先进经验和做法，结合我国国情和实际情况进行创新与完善。通过不断努力，为退役军人提供更加全面、优质、高效的服务保障。

第四节　联合国及其所属机构关于优军服务保障的主要观点

联合国及其所属机构在优军服务保障方面的主要观点，主要可以从其推动的人道主义军民协调、保护军人权益以及促进军民融合等角度进行探讨。然而，需要注意的是，联合国及其所属机构并不直接提供"优军服务保障"的具体政策或项目，而是通过协调、支持和推动国际间的合作来实现对军人及其家庭的关爱和支持。

一是关于人道主义军民协调。在紧急事件或自然灾害发生时，联合国通过其人道主义事务协调办公室（OCHA）和其他相关机构，推动军民协调框架的建立和实施。这一框架旨在促进公民和军事人员之间的对话与沟通，确保在救援行动中保护平民和救援人员的安全，同时提高救援行动的效率和效果。联合国通过培训和宣传，提高人道主义工作人员和军事人员相互沟通的技巧与知识，以便在需要时能够有效合作。根据国际准则和具体情况，联合国协助制定政策，建立人道主义军民协调结构，确保工作人员受到相应培训以胜任工作。在紧急情况下，联合国会派遣人道主义军民协调专家前往现场，协助当地政府和军队进行救援行动。

二是关于保护军人权益。虽然联合国不直接提供优军服务，但它通过国际法和国际条约来保护军人的权益，包括退役军人和现役军人的权益。联合国推动各国签署和遵守关于军人权益的国际法与国际条约，如《日内瓦公约》等，这些条约规定了军人在战争和冲突中的待遇与保护措施。联合国通过呼吁和倡导，推动各国政府和社会各界关注军人及其家庭的福祉，鼓励各国政府采取措施改善军人的待遇和福利。

三是关于促进军民融合。在和平时期，联合国也积极推动军民融合的发展，以提高国家的整体安全和发展水平。鼓励军队和地方在资源、技术、人才等方面进行共享和合作，提高资源的利用效率。推动军队和地方进行联合训练和演习，提高应对突发事件和灾害的能力。鼓励军队在和平时期参与社会服务活动，如抢险救灾、医疗援助等，为社会作出贡献。

综上所述，联合国及其有关机构在优军服务保障方面的主要观点是通过推动人道主义军民协调、保护军人权益和促进军民融合等方式来实现对军人及其家庭的关爱和支持。这些努力有助于提升军人的社会地位和福祉水平，同时也为国家的安全和发展奠定了坚实的基础。

第五节　持续推动优军服务保障不断发展

我国优军服务保障的重大政策涵盖了多个方面，旨在全面提升军人的社会地位、福利待遇和保障水平。

一是关于医疗保障政策。按照《军人及军队相关人员医疗保障待遇暂行规定》，军人、军人未成年子女及军人配偶享受军队免费医疗，军官军士父母和配偶父母享受军队优惠医疗（扣除起付线及完全自费部分，门诊费用减免 20%，住院费用减免 50%）。这一政策确保了军人及其家属在医疗方面的基本保障和优惠待遇。

二是关于子女教育优待政策。军人子女入读公办义务教育阶段学校和普惠性幼儿园，可以在户籍所在地或父母居住地、部队驻地入学，享受当地军人子女教育优待政策。军人子女报考普通高中、中等职业学校，同等条件下优先录取。高职（专科）在校生（含高校新生）入伍经历可作为毕业实习经历；高职（专科）毕业生及在校生（含高校新生）应征入伍，退役后在完成高职（专科）学业的前提下，可免试入读普通本科，或根据意愿入读成人本科。普通高校在校生（含高校新生）应征入伍服义务兵役退役后在完成本科学业 3 年内，普通高校应届毕业生应征入伍服义务兵役退役后 3 年内，参加全国硕士研究生招生考试，初试总分加 10 分，同等条件下优先录取。

三是关于经济补助与奖励政策。义务兵家庭优待金实行城乡统一，分两批次发放，每批次以上年度城镇居民人均消费支出水平为标准。义务兵和服现役不满 12 年的军士选择自主就业的，由部队发放一次性退役金，每人每年至少 4500 元。退役后地方政府发放一次性经济补助，义务兵按实际服役年限计发，年标准为每人每年不低于退役上年度当地城镇居民人均可支配收入。国家对应征入伍服义务兵役、招收为军士、退役后复学或入学的高校学生实行学费补偿、国家助学贷款代偿（用于学费部分）、学费减免。标准为本专科生每生每年最高不超过 16000 元、研究生每生每年最高不超过 20000 元。

四是关于就业安置政策。各地推出针对退役军人的专项招聘活动，如北京市每年拿出一定数量的公务员、事业单位、国有企业、非公经济组织岗位，定向考录聘退役大学生士兵。符合条件的退役军人及其创办的小微企业，可申请金额不超过 15 万元、期限不超过 3 年的创业担保贷款，并按规定享受财政贴息。退役军人从事个体经营的，按规定享受税收优惠。

五是关于公共服务优惠政策。军人、军人家属享受参观游览公园、博物馆、纪念馆、展览馆、名胜古迹以及文化和旅游等方面的优先、优惠服务。军人免费乘坐市内公共汽车、电车、轮渡和轨道交通工具。军人和随同出行的家属，乘坐境内运行的火车、轮船、长途公共汽车以及民航班机享受优先购票、优先乘车（船、机）等服务。许多地方设立"军人驿站"，为现役军人提供免费或优惠的住宿服务，并可惠及家属。

六是关于其他政策。军人享有年休假、探亲假等假期，与配偶、父母、配偶父母等被探望人不在同一地生活的，享受探亲假。年度内一次性休探亲假的，路途往返时间不计入假期。侵害军人荣誉、名誉和其他相关合法权益，严重影响军人有效履行职责使命的，人民检察院可以根据民事诉讼法、行政诉讼法的相关规定提起公益诉讼。

上述这些政策的实施不仅有助于激励军人更好地履行职责使命，也有助于增强全社会的国防意识和拥军优属观念。

第六节　完善双拥工作机制

党的二十届三中全会要求：完善双拥工作机制。完善双拥工作机制是一个系统性工程，需要从多个方面入手，以确保双拥工作的顺利开展和持续有效。以下是一些具体的建议：

一要加强组织领导，形成工作合力。优化双拥工作领导小组，定期召开会议，研究部署双拥工作，确保各项任务落到实处。如深圳市罗湖区应急管理局成立了双拥工作领导小组，由局主要领导任组长，分管领导任副组长，各相关科室、职能部门负责人为小组成员，为双拥工作提供了有力的组织保障。将双拥工作纳入各部门、各单位的年度工作计划和考核目标，明确各自职责和任务，形成工作合力。

二要完善政策法规体系，强化制度保障。制定和完善双拥工作相关政策法规，明确双拥工作的目标、任务、措施和保障等内容，为双拥工作提供制度保障。如深圳市罗湖区应急管理局制定了《罗湖区应急管理局2022年双拥工作计划》，为推进双拥工作深入开展夯实基础。通过各种渠道和形式，广泛宣传双拥工作政策法规，提高全社会对双拥工作的认识和支持力度。同时，加强政策执行情况的监督检查，确保各项政策落到实处。

三要深化军民共建，推动融合发展。定期组织军地联谊活动，加强军民之间的了解和沟通。通过共同举办文化、体育、教育等活动，增进军民之间的友谊和感情。如云南省福贡县教育体育局加强与驻地部队的联谊，每年组织学生参加军训活动，增强了学生的国防意识和爱国情感。推动军地资源共享和优势互补：在应急救援、抢险救灾、国防教育等方面加强军地合作，实现资源共享和优势互补。通过联合制定应急预案、开展联合演练等方式，提高应对突发事件的能力和水平。

四要强化宣传教育，营造良好氛围。充分利用各种宣传阵地和媒介，广泛宣传双拥工作的重要意义、政策措施和先进典型等。通过举办双拥知识竞赛、演讲比赛等活动，提高全社会对双拥工作的关注度和参与度。如深圳市罗湖区应急管理局大力开展双拥宣传和教育活动，通过文件、会议等多种形式向干部职工宣传双拥工作的方针政策和先进典型。在全区营造尊重军人、优待军属的良好氛围。通过举办拥军优属文艺晚会、发放慰问品等方式表达对军人的敬意和关怀。

五要加强监督检查和评估考核。建立健全监督检查机制，定期对双拥工作进行检查和评估，发现问题及时整改落实。通过设立投诉举报电话、信箱等方式接受社会监督。将双拥工作纳入年度考核目标体系，制定科学合理的评估标准和考核办法。通过考核评估推动双拥工作不断取得新的成效。

展望未来，我国应根据退役军人实际需求和社会发展变化，不断优化服务保障体系，提升服务质量和效率。探索更多符合新时代特点的优军服务保障政策，确保政策得到有效落实。鼓励更多社会团体、企业和个人参与到优军服务保障工作中来，形成全社会共同关心、支持退役军人的良好氛围。

本章参考文献：

［1］张志彬，李建辉，郭渊，曹江舟. 创新军人费用管理模式提高为军服务保障水平 [J]. 医疗装备，2014（7）.

［2］罗刚，刘锋，周世伟. 军队医院为军服务卫生经费保障状况分析 [J]. 解放军医院管理杂志，2012（9）.

［3］周学武，张锋，王文慧. 加强疗养院设备管理　提高为军服务保障能力 [J]. 中国疗养医学，2011（2）.

［4］苏均平. 强化专科中心为军服务职能　提高卫勤保障水平 [J]. 解放军医院管理杂志，2009（6）.

第十五章　完善文体服务保障制度建设

　　文体服务保障是指为了保障公民在文化和体育方面的基本需求，提供公共服务和设施的一系列措施与政策。2020 年 9 月，习近平总书记在主持召开教育文化卫生体育领域专家代表座谈会上指出："统筹推进'五位一体'总体布局、协调推进'四个全面'战略布局，文化是重要内容；推动高质量发展，文化是重要支点；满足人民日益增长的美好生活需要，文化是重要因素；战胜前进道路上各种风险挑战，文化是重要力量源泉。"2019 年 2 月，习近平总书记在考察北京冬奥会、冬残奥会筹办工作时指出："体育强则国家强，国家强则体育强。发展体育事业不仅是实现中国梦的重要内容，还能为中华民族伟大复兴提供凝心聚气的强大精神力量。我们要弘扬中华体育精神，弘扬体育道德风尚，推动群众体育、竞技体育、体育产业协调发展，加快建设体育强国。"

第一节　党和政府高度重视文体服务保障

一、文体服务的丰富内涵

　　具体来说，文体服务保障至少包括以下几个方面：

一是关于公共文化服务。公共图书馆、文化馆、公共博物馆（非文物建筑及遗址类）、公共美术馆、乡镇（街道）村（社区）综合性文化服务中心等公共文化设施免费开放，免费提供基本公共文化服务，低价提供非基本类文化服务。这些设施实施免费开放、延时开放、错时开放，周末及节假日正常开放，错时开放时间不低于开放时间的三分之一。同时，具备条件的区（市）县以上（含县级）在辖区内免费开放公共博物馆（非文物建筑及遗址类），年开放时间一般不得少于300天。各级公共文化设施和组织会常态化组织开展各类文化活动，如宣传教育、书报阅读、影视观赏、戏曲表演、艺术普及、数字文化服务、广播播送、普法教育、科学普及、群众性文化体育活动、文化志愿服务活动、优秀传统文化传承活动等。为特殊群体（如残疾人、未成年人、老年人、农民工、现役军人、低保对象等）提供公益性文化服务及门票减免服务。例如，公共图书馆和有条件的村（社区）综合性文化服务中心（含农家书屋）会配备盲文书籍，开展盲人阅读服务；各级文化馆、体育馆等每年会组织开展针对这些特殊群体的文化活动。

二是关于公共体育服务。公共体育设施（包括公共体育场馆、全民健身中心、学校体育设施等）免费或低收费对公众开放，全民健身日更是全面免费开放。提供全民健身相关的服务和活动，鼓励居民参与体育锻炼，提高身体素质。

三是关于其他服务。为全民提供广播节目和突发事件应急广播服务。对有线电视未达地区提供地面数字电视节目，确保居民能够收看丰富的电视节目。为中小学生观看优秀影片提供保障服务，为农村群众提供数字电影放映服务。公共图书馆、乡镇（街道）村（社区）综合性文化服务中心配备图书、报刊和电子书刊，并免费提供借阅服务。

综上所述，文体服务保障是一个综合性的服务体系，旨在满足公民在文化和体育方面的基本需求，提高全民的文化素养和身体素质。

二、新时代文体服务保障成绩显著

新时代文体服务保障发展是一个涉及多个方面的综合性课题，旨在通过一系列措施和政策，提升文体服务的供给质量和效率，满足人民群众日益增长的精神文化需求。

随着新时代的到来，我国经济社会快速发展，人民生活水平显著提高，对精神文化生活的需求也日益增长。文体服务作为公共文化服务体系的重要组成部分，对于丰富人民群众精神文化生活、提升国民素质、促进社会和谐具有重要意义。因此，加强新时代文体服务保障研究，对于推动文化体育事业繁荣发展、满足人民群众多样化需求具有重要意义。

一是加强文体设施建设。根据城乡发展规划和人口分布特点，合理布局文体设施，确保每个社区、村庄都有相应的文体活动场所。加大对文体设施的投入力度，提升设施品质和服务水平，如建设智慧书房、礼堂书屋、乡村书吧等，为人民群众提供更加便捷、舒适的文化体育环境。鼓励学校、企事业单位等向社会开放文体设施，实现资源共享，提高设施利用率。

二是丰富文体活动内容。举办各类文体活动，如音乐节、主题巡回演出、艺术节、画展等，丰富人民群众的文化生活。持续开展全民健身运动，举办马拉松赛事、象棋联赛、围棋赛等体育赛事，提高人民群众的体育参与度和身体素质。加强青少年文体教育，举办各类青少年文体比赛和活动，培养青少年的兴趣爱好和综合素质。

三是强化资金与政策支持。政府通过加大对文体服务保障的财政投入力度，确保文体设施建设和活动开展所需资金。对于非营利性组织和个人参与文体服务保障工作给予税收减免、资金补贴等优惠政策支持。鼓励社会资本通过捐赠、赞助等方式参与文体服务保障工作，形成多元化投入机制。

四是加强人才队伍建设。加强文体服务领域专业人才的培养和引进工作，提高从业人员的专业素质和服务能力。鼓励社会各界人士参与文体志愿服务工作，形成一支庞大的志愿者队伍，为文体服务保障工作提供有力支持。

五是创新服务模式与手段。加快互联网、大数据、人工智能等新一代信息技术在文体服务领域的深度应用，实现民生诉求精准反馈、民生措施准确落实、民生问题精确解决。

总之，新时代文体服务保障研究是一个持续深化的过程。通过加强文体设施建设、丰富文体活动内容、强化资金与政策支持、加强人才队伍建设以及创新服务模式与手段等措施，可以不断提升文体服务的供给质量和效率，满足人民群众日益增长的精神文化需求。

第二节　新时代文体服务保障模式不断创新

新时代文体服务的创新模式多种多样，旨在更好地满足人民群众日益增长的精神文化需求。以下是一些主要的创新模式：

1.资源共享与融合服务模式。为促进阵地融合，南京市建邺区莫愁湖街道文体社区通过构建以"青年之家"为中心点，以学习阵地（共享书屋、便民自习室）、活动阵地（社区新时代文明实践站、业余体校）、服务阵地（"南湖记忆"主题街区）为发展矩阵的"一点三地"服务模式，实现多层级多职能阵地互联互通，形成集聚效应。建设资源联盟，整合党政、群团等各方优质资源，联合共建优秀单位，结对高校团委，与社会组织合作，织密综合服务共享网络。如成都市新都区通过建立六城区域联盟，实现文化产品交流展示和数据资源共享协同。

2.数字化与智能化服务模式。加强数字化平台建设，利用互联网技术，推出数字化服务平台，如成都市新都区的"香城文体通"微信小程序，汇聚线上线下文体资源，提供"一站式"舒心服务。在文体设施中引入智能设备，提升服务效率与用户体验。例如，智能健身器材、智能图书馆系统等。

3. 志愿服务与社区参与模式。组建专业化的志愿服务队伍，如北京市延庆区文联的新时代文明实践文艺志愿服务队，通过书法、美术、摄影等培训服务基层人员，完成大量志愿服务任务。鼓励社区居民积极参与文体服务活动，通过设立志愿者招募机制、开展社区文体活动等方式，增强居民的归属感和参与度。

4. 品牌化与产业化融合模式。塑造具有地方特色的文体服务品牌，如成都市新都区的"快乐周末·百姓舞台"品牌活动，通过品牌活动带动文化消费和产业发展。将文体服务与旅游、商业等产业相融合，推动文体消费新场景的建设。如成都市新都区的天府沸腾小镇、尖锋旱雪四季滑雪场等项目，不仅提供了优质的文体服务，还带动了当地经济的发展。

5. 个性化与定制化服务模式。通过问卷调查、座谈会等方式收集居民对文体服务的需求和反馈，为制定个性化服务方案提供依据。根据居民的不同需求和兴趣，提供定制化的文体服务。例如，为老年人提供适合他们的健身课程和文化活动，为青少年提供兴趣班和竞技比赛等。

上述这些创新模式不仅丰富了文体服务的内涵和外延，还提升了服务的质量和效率，更好地满足了人民群众多样化的需求。

第三节　国内外文体服务保障的比较研究

国内外文体服务保障的比较研究，可以从以下几个方面进行：

一是基于发展阶段与规模视角：相较于发达国家，我国的文体服务行业仍处于快速发展但尚未完全成熟的阶段。根据国家统计局数据，近年来我国体育产业产出值持续增长，体育服务业保持良好发展势头。然而，与发达国家和地区相比，我国文体服务的市场规模和成熟度仍有较大提升空间。美国、欧洲和日本等许多发达国家和地区，文体服务行业已经发展得相当成熟，形成了完善的产业链和服务体系。这些国家的文体服务市场规模庞大，涵盖了体育赛事、健身休闲、文化娱乐等多个领域，且服务质量和水平较高。

二是基于服务内容与质量视角：国内文体服务内容日益丰富，包括体育赛事、健身俱乐部、文化演出等多种形式。然而，在创新性和个性化服务方面仍有待加强。近年来，国内文体服务质量有所提升，但仍存在部分服务场所设施不足、服务质量参差不齐等问题。特别是在一些偏远地区或经济欠发达地区，文体服务质量仍有待改善。许多发达国家文体服务内容丰富多样，且注重创新和个性化服务，提供了大量的户外体育活动、文化节庆和艺术教育课程等，满足不同人群的需求。许多发达国家文体服务质量普遍较高，服务场所设施完善、环境舒适且管理规范。服务人员也经过专业培训，能够提供专业、高效的服务。

三是基于政策支持与投入视角：近年来，我国政府出台了一系列政策文件支持文体服务行业的发展，如《全民健身计划（2021—2025年）》《体育强国建设纲要》等。这些政策为文体服务行业的发展提供了有力保障。虽然政府加大了对文体服务的投入力度，但民间资本在文体服务领域的投入明显有待进一步增加。目前许多发达国家制定了完善的法律法规和政策措施来保障其健康发展。例如，一些国家通过税收优惠、资金补贴等方式鼓励企业和个人参与文体服务事业。这些国家在文体服务领域的资金投入较大，不仅限于政府财政拨款，还包括大量的社会捐赠和民间资本投入。

四是基于社会认知与参与度视角：随着全民健身理念的深入人心，国内民众对文体服务的认知度逐渐提高。然而，在一些地区或人群中仍存在对文体服务认知不足的问题。特别是在一些经济欠发达地区或农村地区，民众参与文体活动的机会和条件有限。在发达国家，文体服务已经成为民众日常生活的重要组成部分。人们普遍认识到文体服务对于身心健康和社会交往的重要性。这些国家的民众参与文体活动的热情高涨且广泛参与。政府和社会组织通过举办各种形式的文体活动来激发民众的兴趣和热情，提高社会参与度。

未来，我国应继续加大政策支持力度和资金投入力度，提升文体服务保障质量和水平；同时加强社会宣传和教育引导工作，提高民众对文体服务的认知度和参与度；最后注重创新和发展特色文体服务项目，以满足不同人群的需求并推动文体服务行业的可持续发展。

第四节　国际组织关于文体服务保障的主要观点

一、联合国及其所属机构关于文体服务保障的主要观点

联合国及其所属机构关于文体服务保障的主要观点研究，可以从以下几个方面进行归纳：

一是关于文体服务保障的重要性。联合国及其所属机构普遍认为，文体服务在促进社会和谐、提升民众生活质量、增强文化认同等方面具有不可替代的作用。文体服务不仅能够丰富人们的精神文化生活，还能够促进身心健康，提高社会凝聚力。

二是关于文体服务保障的政策导向。联合国鼓励各国将文体服务纳入国家发展战略，通过制定相关政策和措施，推动文体服务的普及和发展。强调文体服务在促进全球文化交流、增进各国人民友谊方面的重要作用。联合国教科文组织作为联合国系统内负责教育、科学、文化和传播事业的专门机构，积极推动全球文体服务的发展。该组织通过举办各类文化活动、

提供技术支持和资金援助等方式，帮助会员国提升文体服务水平。联合国大会和其他相关机构也通过决议和宣言等形式，强调文体服务的重要性，并呼吁各国政府和国际社会加强合作，共同推动文体服务的繁荣和发展。

三是关于文体服务保障的创新模式。联合国及其所属机构鼓励各国在文体服务领域进行创新，探索符合本国国情和民众需求的服务模式。这些创新模式包括：资源共享与融合服务模式，通过整合政府、社会和市场等各方资源，实现文体服务的共建共享。例如，建立社区文体服务中心，为居民提供便捷、高效的文体服务。数字化与智能化服务模式，利用现代信息技术手段，推动文体服务的数字化和智能化发展。开发在线文体服务平台，提供线上课程、活动预约等服务。志愿服务与社区参与模式，鼓励社区居民积极参与文体服务活动，通过志愿服务等形式为社区文体服务贡献力量。同时，加强社区文体服务团队建设，提高服务质量和水平。

四是关于文体服务保障的可持续发展。联合国及其所属机构强调文体服务的可持续发展，认为只有实现文体服务的长期、稳定和可持续发展，才能更好地满足人民群众日益增长的精神文化需求。为此，需要采取以下措施：政府应加大对文体服务的政策支持和资金投入力度，确保文体服务的正常运转和持续发展。加强文体服务领域专业人才的培养和引进工作，提高服务人员的专业素质和综合能力。鼓励社会各界积极参与文体服务事业的发展和建设，形成政府主导、社会参与、市场运作的多元化发展格局。

综上所述，联合国及其所属机构关于文体服务的主要观点研究涵盖了文体服务的重要性、政策导向、创新模式和可持续发展等方面。这些观点为各国政府和国际社会推动文体服务的发展提供了重要的参考和借鉴。

二、国际奥林匹克委员会关于文体服务的主要观点

国际奥林匹克委员会（以下简称"国际奥委会"）作为奥林匹克运动的最高权力机构，其关于文体服务的主要观点主要集中在推动全球体育与文

化交流、促进运动员全面发展以及提升奥运会等大型体育赛事的文体服务质量上。以下是对其主要观点的具体归纳：

一要推动全球体育与文化交流。国际奥委会通过举办奥运会等大型体育赛事，搭建了一个全球性的体育文化交流平台，促进了不同国家和地区之间的理解和合作。奥运会不仅是体育竞技的盛会，更是文化交流的重要窗口，展现了各国的文化魅力和艺术风采。国际奥委会强调奥林匹克精神的传承和弘扬，即通过体育竞技展现"更快、更高、更强——更团结"的奥林匹克格言，推动全球体育文化的繁荣发展。

二要促进运动员全面发展。国际奥委会重视运动员的身心健康问题，倡导科学的训练和比赛方式，确保运动员在竞技场上能够发挥出最佳水平。同时，国际奥委会还积极推动运动员的心理健康教育和辅导工作，帮助运动员在竞技压力和挑战面前保持积极乐观的心态。国际奥委会鼓励运动员在追求竞技成绩的同时，注重文化素养的提升。通过组织文化讲座、艺术展览等活动，为运动员提供接触和学习不同文化的机会。

三要提升文体服务质量。国际奥委会要求奥运会等大型体育赛事的主办方提供完善的文体设施，包括体育场馆、文化中心等，以满足运动员和观众的文体需求。这些设施不仅要符合国际标准和要求，还要注重环保和可持续性发展。国际奥委会倡导在奥运会等大型体育赛事期间举办丰富多彩的文体活动，包括开幕式文艺表演、艺术展览、音乐会等，为运动员和观众提供多样化的文化享受。国际奥委会要求主办方加强文体服务团队的建设和管理，提高服务人员的专业素质和综合能力，确保为运动员和观众提供优质、高效的文体服务。

四要恪守可持续发展与环保理念。国际奥委会积极倡导可持续发展的理念，要求奥运会等大型体育赛事在筹办和举办过程中注重环保和可持续性发展。通过采用环保材料、节能减排等措施，降低对环境的影响和负担。国际奥委会还通过举办环保宣传活动、开展环保教育等方式，提高公众对环保问题的认识和重视程度，推动全社会共同参与环保事业。

综上所述，国际奥委会关于文体服务保障的主要观点涵盖了推动全球体育与文化交流、促进运动员全面发展、提升文体服务质量以及可持续发展与环保理念等多个方面。这些观点不仅体现了国际奥委会对文体服务工作的重视和关注，也为全球体育文化的繁荣发展提供了重要的指导和支持。

第五节　持续推动文体服务保障不断发展

我国文体服务的重大政策主要体现在以下几个方面：

一是关于文化服务保障政策。政策支持全国爱国主义教育示范基地、博物馆、美术馆、公共图书馆、文化馆（站）等设施按规定免费或优惠开放，以促进公共文化的普及和可及性。这一政策有利于提升公民的文化素养，丰富民众的精神文化生活。政府通过资助、补贴等方式，扶持各类文化活动、文艺创作和文化遗产保护项目。例如，对常设性的实景演艺、私人博物馆、基于视听科技的演艺和沉浸式体验项目等新型文化旅游项目给予政策指导和扶持。深入推进国家文化数字化战略，推动文化遗产、公共图书、广播电视等内容的数字化和网络化，提高公共文化服务的便捷性和覆盖面。深化中外人文交流，提高国际传播能力，通过举办国际文化节、艺术展览、体育赛事等活动，展示我国文化的独特魅力，增强国际社会对我国的了解和认同。

二是关于体育服务保障政策。政府加大对公共体育设施的投入，建设更多高质量的体育场馆和健身设施，并推动这些设施向公众免费或低收费开放。同时，鼓励学校等单位的体育设施在课余时间对社会开放。实施全民健身计划，鼓励居民参与体育锻炼，提高身体素质。政府通过组织各类健身活动、提供健身指导等方式，推动全民健身运动的深入开展。培育和发展体育产业，推动体育与旅游、文化、教育等产业的融合发展。通过政策扶持和市场引导，促进体育产业的健康、快速发展。

综上所述，当下我国文体服务的重大政策涵盖了公共文化设施免费开放、文化活动和项目扶持、数字文化建设、国际文化交流与合作、公共体育设施建设和开放、全民健身计划以及体育产业发展等多个方面。这些政策旨在提升公民的文化素养和身体素质，推动文体服务的普及和高质量发展。

第六节　在文体服务保障方面贯彻落实
二十届三中全会的最新精神

一、完善公共文化服务体系

党的二十届三中全会要求："完善公共文化服务体系，建立优质文化资源直达基层机制，健全社会力量参与公共文化服务机制，推进公共文化设施所有权和使用权分置改革。"下面就如何完善公共文化服务体系谈一些学习体会。

一要加强基础设施建设。均衡配置公共文化设施，根据人口发展和分布，按照均衡配置、规模适当、经济适用、节能环保等要求，科学规划布局公共文化设施。推进城乡公共文化设施布局的规范化、科学化、均等化，形成布局合理、设施完善、功能齐备、覆盖城乡的市、县（区）、镇（街道）、村（社区）四级公共文化设施网络。乡镇（街道）依托综合文化站建设综合性文化服务中心，村（社区）整合文化活动室、农家书屋等资源，完善村级综合性文化服务中心。推进县（区）公共图书馆、文化馆、博物馆、剧场等公共文化设施补全配齐、提档升级，增强文化服务能力。确保县（区）新建公共图书馆、文化馆达到国家一级标准，现有公共图书馆、文化馆达到国家二级以上标准。比如安徽省亳州市文旅体局在 2024 年的发展规划中提到，将加强县级广播电视播出机构建设和管理，规范县级频率频道设置，整合资源，提升运营能力。

二要丰富服务内容。打造群众文化活动品牌，如民间艺术节、群艺大赛等。以群众喜闻乐见的形式，树立鲜明的价值导向，深化向上向善的道德风尚建设。比如安徽省黄山市举办的 2024 年安徽省"四季村晚"示范展示首场演出活动，采用"1+5"模式，即由 1 场主题演出和 5 个场区活动组成，通过直播带货等方式提升活动影响力。实施国家文化数字化战略，加大公共文化场馆的数字化建设。通过数字化手段，拓展公共文化服务的内容和形式，提高服务的便利性和覆盖面。

三要勇于创新服务形式。发展流动服务和数字服务，通过流动图书馆、流动演出等形式，将文化服务送到偏远地区和基层群众身边。同时，利用数字技术建立在线服务平台，提供数字阅读、在线展览等多元化服务。

四要强化人才队伍建设。提高公共文化服务从业人员的专业素质和服务能力，打造一支结构合理、素质较高的公共文化服务人才队伍。通过培训、交流等方式提升现有人员的专业技能和服务水平；同时积极引进高素质的文化专业人才和管理人才。积极探索运用政府购买、市场机制、社会捐助等方式积极引导、鼓励社会力量参与公共文化产品生产和供给。鼓励和扶持群众自办文化，培育社会文化团队，搭建民间文艺展示交流平台。

五要建立健全评估机制。明确公共文化服务的评估指标和标准体系，包括服务项目的种类、数量、质量以及公众满意度等方面。通过科学的评估方法定期对公共文化服务进行绩效评估。将评估结果作为改进公共文化服务的重要依据和参考。对于评估中发现的问题和不足及时进行整改和完善；对于表现突出的单位和个人给予表彰和奖励以激励其继续发挥示范引领作用。

总之，要通过以上几个方面的努力进一步完善公共文化服务体系，提高公共文化服务的质量和效率，满足人民群众日益增长的精神文化需求。

二、完善全民健身公共服务体系

党的二十届三中全会要求："完善全民健身公共服务体系，改革完善竞技体育管理体制和运行机制。"下面就如何完善全民健身公共服务体系谈一些学习体会。

为了进一步完善全民健身公共服务体系，可以从以下几个方面进行深入实践：

一要加强政策引导与规划。制定完善全民健身公共服务体系的相关政策，明确发展目标、任务和责任，为全民健身事业的发展提供政策保障。根据人口分布、地域特点、健身需求等因素，科学规划全民健身设施的布局，确保设施分布合理、覆盖广泛。

二要加大基础设施建设投入。持续加大公共体育设施建设投入力度，建设小型健身中心、小型体育公园、小型健身设施等，扩大场地设施供给。注重健身设施的质量和安全，确保设施符合相关标准和要求，为群众提供安全、舒适的健身环境。

三要构建多元化服务体系。健全群众赛事活动体系，举办多样化的体育赛事和活动，如社区运动会、全民健身大赛等，激发群众健身热情。联合相关科研机构，研究科学健身方法，编创各类体育健身科普作品，线上线下联动传播推广，提高群众科学健身水平。

四要推动社会力量参与。完善支持社会力量发展全民健身的体制机制，鼓励和支持社会力量参与全民健身公共服务的提供与管理。推动健身场地全面开放共享，事业单位和国有企业要带头开放可用于健身的空间。

五要加强人才培养与队伍建设。加强社会体育指导员队伍建设，培养更多的专业体育指导员和群众体育教练员，提高全民健身服务的专业化水平。广泛开展全民健身志愿服务活动，组织社会体育指导员和志愿者深入基层、社区和农村，为群众提供科学健身指导和服务。

六要强化监督评估与激励。建立健全全民健身公共服务体系的监督评估体系，对政策落实情况、设施建设进展、服务质量等进行定期评估和监督。对在全民健身公共服务体系建设中表现突出的单位和个人给予表彰和奖励，激发各地方和各部门开展全民健身工作的积极性。

七要促进区域协调发展。加大对农村和欠发达地区的支持力度，完善农村全民健身公共服务网络，提高农村地区的健身设施覆盖率和服务水平。加强不同地区之间的合作与交流，共同推进全民健身事业的发展，实现资源共享和优势互补。

展望未来，要根据人民群众的实际需求和反馈意见不断优化服务保障体系提升服务质量和效率。积极探索更多符合新时代特点的文体服务保障政策并确保政策得到有效落实。鼓励更多社会团体、企业和个人参与到文体服务保障工作中来，形成全社会共同关心支持文体事业发展的良好氛围。

本章参考文献：

［1］陈建. 党的二十届三中全会擘画"十五五"公共文化服务新篇章 [J]. 图书馆论坛，2024（9）.

［2］方永恒，芦梦荻，朱敏. 高质量发展视阈下藏羌彝走廊公共文化服务效能评价 [J]. 长江师范学院学报，2024（4）.

［3］曾荣. 我国公共数字文化服务研究领域的科学知识图谱分析 [J]. 大学图书情报学刊，2024（4）.

［4］谢丹琳. 基于 POI 数据的区域公共文化服务资源空间分布特征研究——以长江经济带为例 [J]. 图书馆研究与工作，2024（7）.

［5］李瑶，耿元文，林琴琴. 京津冀公共体育服务跨域治理多主体协同关系与优化策略 [J]. 山东体育学院学报，2024（4）.

［6］徐国冲，张明月. 公共体育服务智慧化供给的实践困境与破解路径——以 X 市智慧体育平台建设为例 [J]. 上海体育大学学报，2024（7）.

［7］程森蛟. 新时期我国社区体育公共服务体系的优质构建研究 [J]. 湖北科技学院学报，2024（4）.